Petits Classique
LAROU

Collection fondée par ... ...,
Agrégé des Lettres

D0867574

Amphitryon

Molière

Comédie

Édition présentée,
annotée et commentée
par Annie LERMANT-PANÈS,
ancienne élève de l'École normale supérieure,
agrégée de lettres classiques

SOMMAIRE

Avant d'aborder l'œuvre

Amphitryon

Molière

Avez-vous bien lu ?

Pour approfondir

AVANT D'ABORDER L'ŒUVRE

Fiche d'identité de l'auteur

Molière

Nom : Jean-Baptiste Poquelin.
Son pseudonyme est « Molière ».

Naissance : à Paris, janvier 1622.

Famille : père tapissier du roi. Sa mère meurt quand il a dix ans. Vit et travaille avec Madeleine Béjart, actrice. À 40 ans, épouse Armande Béjart, fille (ou sœur ?) de Madeleine. Deux fils, morts très jeunes, une fille.

Études : solides études au collège de Clermont, aujourd'hui lycée Louis-le-Grand. Études de droit à Orléans.

Les débuts : en 1643, il renonce à la charge de tapissier héritée de son père pour le théâtre. Acteur, auteur, puis directeur dans la troupe des Béjart, « l'Illustre-Théâtre ». Dettes, emprisonnement. Treize ans de tournée en province et de représentations de farces. Protection du duc d'Épernon, puis du prince de Conti. Retour à Paris en 1658.

Premiers succès : *Les Précieuses ridicules* (1659). Première comédie-ballet, *Les Fâcheux*, représentée à Vaux-le-Vicomte devant Fouquet. *L'École des femmes* est un succès, mais la pièce est attaquée par des comédiens jaloux et par certains dévots.

Les grandes comédies : *Le Tartuffe* (1664), *Dom Juan* (1665), vite interdites de représentation. Problèmes de santé. *Le Misanthrope* (1666) a moins de succès que la farce *Le Médecin malgré lui* (1666). Mais Molière est protégé par le roi et sa troupe est officiellement nommée « Troupe du Roi », dès 1665 ; on lui attribue une salle fixe, le Palais-Royal ; Louis XIV est le parrain de son premier fils.

Des comédies moins dangereuses : des pièces inspirées de la comédie latine, *Amphitryon*, *L'Avare* (1668) ; des comédies-ballets, en collaboration avec le musicien Lully, *George Dandin* (1668), *Le Bourgeois gentilhomme* (1670) ; une comédie inspirée de la farce, *Les Fourberies de Scapin* (1671).

Mort : le 17 février 1673, peu après une représentation de sa dernière pièce, *Le Malade imaginaire*. Enterrement de nuit et quasi clandestin.

Pour ou contre

Molière ?

Pour

Antoine ADAM :

« Le public voyait en Molière "le peintre ingénieux de tant de beaux tableaux du siècle." »

Histoire de la littérature française au XVIIe siècle, 1952

Jean d'ORMESSON :

« Autour de 1660, il est à l'origine d'une véritable révolution théâtrale. Cette révolution consiste à hisser la comédie, qui était un genre mineur et assez méprisé, à la dignité de la tragédie, à remplacer l'imagination par la peinture de la vérité et à faire de la vérité le ressort du théâtre. »

Une autre histoire de la littérature française, Nil éditions, 1997

Contre

FÉNELON :

« Un autre défaut de Molière, que beaucoup de gens lui pardonnent et que je n'ai garde de lui pardonner, est qu'il a donné un tour gracieux au vice, avec une austérité ridicule et odieuse à la vertu. »

Lettre à l'Académie, 1714

ROUSSEAU :

« Ses honnêtes gens ne sont que des gens qui parlent, ses vicieux sont des gens qui agissent et que les plus brillants succès favorisent le plus souvent. »

Lettre à d'Alembert sur les spectacles, 1758

Repères chronologiques

Vie et œuvre de Molière

1622
Naissance de Jean-Baptiste Poquelin.

1632
Mort de sa mère.

1632-1642
Études chez les jésuites, à Paris, puis études de droit à Orléans.

1643
Fonde la troupe l' « Illustre-Théâtre », avec Madeleine Béjart.

1644
Prend le pseudonyme de Molière.

1645
Difficultés financières. Molière emprisonné pour dettes.

1645-1658
Tournée en province : *Le Médecin volant, Le Dépit amoureux, La Jalousie du Barbouillé*...

1658
La troupe de Molière se fixe à Paris. Représentations devant le roi.

1659
Les Précieuses ridicules, premier succès parisien.

1660
Sganarelle ou le Cocu imaginaire.
Échec de la comédie héroïque *Dom Garcie de Navarre.*

1661
La salle du Palais-Royal est attribuée à Molière. *Les Fâcheux*, comédie-ballet.

1662
Mariage avec Armande Béjart.
L'École des femmes : succès mais la pièce est attaquée par certains dévots.

Événements politiques et culturels

1610-1643
Règne de Louis XIII. Richelieu ministre.

1635
Richelieu fonde l'Académie française.
Médée, première tragédie de Corneille.

1636
Rotrou, *Les Sosies*. Corneille, *L'Illusion comique.*

1637
Corneille, *Le Cid.*
Descartes, *Le Discours de la méthode.*

1638
Naissance de Louis XIV.

1640
Corneille, *Horace.*

1643
Mort de Louis XIII. Régence d'Anne d'Autriche. Mazarin ministre.

1648
Fin de la guerre de Trente Ans : paix de Westphalie. Début de la Fronde (révolte des nobles).

1650
La Naissance d'Hercule, reprise de la pièce de Rotrou, *Les Sosies.*

1654
Sacre de Louis XIV.

1659
Fin de la guerre entre la France et l'Espagne : paix des Pyrénées.

1661
Règne personnel de Louis XIV.
Mort de Mazarin. Début de la construction du château de Versailles.

Vie et œuvre de Molière

1663
Molière se défend en écrivant *La Critique de l'École des femmes*.

1664
Le Tartuffe, comédie aussitôt interdite. Naissance et mort de son premier fils, filleul du roi.

1665
Titre officiel de « Troupe du Roi ». *Dom Juan*, pièce peu jouée car jugée dangereuse.

1666
Ennuis de santé. *Le Misanthrope* : succès modéré. *Le Médecin malgré lui*.

1667
L'Imposteur, version édulcorée du *Tartuffe*, elle aussi interdite.

1668
Amphitryon, George Dandin, L'Avare.

1669
Le roi autorise *Le Tartuffe*.

1670
Le Bourgeois gentilhomme.

1671
Psyché, comédie à machines, en collaboration avec Corneille. *Les Fourberies de Scapin*.

1672
Les Femmes savantes. Rupture avec le musicien Lully. Perte de la faveur royale.

1673
Molière tombe malade pendant une représentation de sa dernière pièce, *Le Malade imaginaire*, et meurt peu après.

Événements politiques et culturels

1662
Colbert ministre.

1664
Cabale contre *Le Tartuffe*, menée par Anne d'Autriche et le parti dévot. Racine, *La Thébaïde*.

1666
Mort d'Anne d'Autriche.

1667
Racine, *Andromaque*.

1668
Victoire du Grand Condé contre les Espagnols en Franche-Comté, traité d'Aix-la-Chapelle. La Fontaine, *Fables*.

1669
Racine, *Britannicus*.

1670
Pascal, *Pensées*. Corneille, *Tite et Bérénice*. Racine, *Bérénice*.

1671
Premières *Lettres* de Madame de Sévigné à sa fille.

1674
Représentation du *Malade imaginaire*, lors de grandes fêtes à Versailles. Racine, *Iphigénie*.

1677
Racine, *Phèdre*.

1680
La troupe de Molière et celle de l'Hôtel de Bourgogne fusionnent pour fonder la Comédie-Française.

Fiche d'identité de l'œuvre

Amphitryon

Auteur :
Molière, en 1668, alors
que plusieurs de ses
pièces ont été attaquées,
notamment *Le Tartuffe*.

Genre :
théâtre. Comédie à sujet
mythologique, inspirée
d'une comédie latine.

Forme : vers libres.

Structure : trois actes, précédés d'un prologue.
Le texte est accompagné d'une lettre dédiant la pièce
au Grand Condé ; ce dernier avait soutenu Molière après
l'interdiction de représentation faite au *Tartuffe*.

Principaux personnages : Amphitryon, général thébain.
Alcmène, son épouse. Sosie, valet d'Amphitryon.
Cléanthis, son épouse. Jupiter, le roi des dieux,
métamorphosé en Amphitryon. Mercure, son messager,
métamorphosé en Sosie.

Personnages secondaires : la Nuit. Quatre capitaines
thébains, amis d'Amphitryon.

Sujet : Jupiter, amoureux d'Alcmène, prend les traits
de son mari pour passer une nuit avec elle. Mercure
a pour mission de faire durer la nuit et d'écarter
du domicile tout visiteur : c'est ce qu'il fait
lorsque Sosie arrive pour annoncer à Alcmène le retour
d'Amphitryon. Sosie, éberlué, se voit chassé par
un autre lui-même. Lorsque Amphitryon revient
de la guerre, il apprend qu'il a, lui aussi, un double,
arrivé la veille ! Pour le héros, pas de doute, sa femme
l'a trompé avec un autre homme : mais comment Alcmène
peut-elle nier sa faute avec autant d'assurance ?
La rupture dans le couple paraît inévitable…
Malentendus, quiproquos, disputes et réconciliations
se succèdent et, à plusieurs reprises, les personnages
se trouvent confrontés à leur double. Les dieux,
qui ont semé toute cette confusion, s'en amusent
et l'entretiennent… Sauront-ils, le moment venu,
débrouiller la situation et guérir les blessures qu'ils
ont infligées ?

Pour ou contre Amphitryon ?

Pour

BAYLE :

« Il y a des finesses et des tours dans l'*Amphitryon* de Molière qui surpassent de beaucoup les railleries de l'Amphitryon latin. »

Dictionnaire historique et critique, article « Amphitryon », 1697

LA HARPE :

« On a remarqué, il y a longtemps, que les méprises sont une des sources de comique les plus fécondes ; et comme il n'y a point de méprise plus forte que celle que peut faire naître un personnage qui paraît double, aucune comédie ne doit faire plus rire que celle-ci. »

Molière et sa comédie, 1799

Francis PERRIN :

« Féerie, beauté et drôlerie font d'*Amphitryon* un chef-d'œuvre tout à fait original dans l'œuvre de Molière. »

Molière chef de troupe, Plon, 2007

Contre

M. DE LOSME DE MONCHESNAY :

« Il [Boileau] prétendait que le prologue de Plaute vaut mieux que celui du comique français. Il ne pouvait souffrir les tendresses de Jupiter envers Alcmène, et surtout cette scène où le dieu ne cesse de jouer sur le terme d'époux et d'amant. »

Bolaeana ou entretien de M. de Losme de Monchesnay avec l'auteur, 1742

Pour mieux lire l'œuvre

❖ Au temps de Molière

En 1668, Molière, dont les grandes comédies ont été attaquées, voire interdites, se tourne vers des pièces plus légères et des sujets moins dangereux : *George Dandin* est une comédie-ballet tirée de la farce, *Amphitryon* et *L'Avare* sont inspirés de la comédie latine.

La première représentation d'*Amphitryon* a lieu au théâtre du Palais-Royal, le 13 janvier 1668. Trois jours plus tard, la pièce est jouée aux Tuileries devant Louis XIV et sa cour. À partir de février, des farces comme *Le Médecin malgré lui* sont ajoutées lors des représentations : c'est sans doute parce que la pièce connaît un succès mitigé. Néanmoins, le nombre de représentations, le montant des recettes et les échos dans la presse du moment montrent que le public a apprécié ce « spectacle si charmant ». *Amphitryon* avait, en effet, plusieurs atouts pour plaire au public de l'époque.

Un sujet emprunté à l'Antiquité

Le recours aux thèmes tirés de l'histoire ancienne ou de la mythologie, s'il est rare chez Molière, est fréquent au xviiᵉ siècle : on le trouve dans les pièces de Corneille, de Racine ou dans les *Fables* de La Fontaine. Les spectateurs pouvaient ainsi suivre une histoire qu'ils connaissaient bien, et, pour les plus cultivés, apprécier les ressemblances et les variations par rapport aux modèles littéraires anciens. Molière s'est inspiré de la comédie *Amphitryon* de Plaute, auteur latin du iiiᵉ siècle avant J.-C. Cette pièce avait déjà été imitée par Jean Rotrou dans sa comédie *Les Sosies*, représentée en 1636 et reprise en 1650 sous le titre *La Naissance d'Hercule*.

Les statues et tableaux de l'époque trouvent dans l'Antiquité leur principale source d'inspiration. Louis XIV lui-même se faisait volontiers représenter par les artistes sous les traits d'une divinité antique, de préférence Jupiter, le roi des dieux ; dans plusieurs ballets de cour, le roi est même monté sur scène pour incarner Jupiter, Apollon, ou le Soleil. Pour le souverain, la mythologie était à la fois un moyen de se divertir et d'asseoir son autorité.

Son sujet mythologique a sans doute, dans une certaine mesure, protégé *Amphitryon* : cette comédie montrant un adultère déguisé n'est-elle pas immorale ? Jupiter, dans ses discours mensongers et séducteurs face à Alcmène, ne rappelle-t-il pas le personnage de Dom Juan ? Et le terme d'« imposteur » appliqué au dieu n'évoque-t-il pas le personnage de Tartuffe ? Mais cela n'a pas empêché le succès de la pièce, qui n'a suscité aucune attaque. C'est que nous sommes ici chez les dieux païens, dont tout le monde connaît les aventures et les métamorphoses extraordinaires ; un sujet tiré de la mythologie et repris d'une œuvre ancienne, cela excuse bien des choses !

Une pièce à machines

Le goût du public se porte aussi sur les « pièces à machines » : des systèmes de treuils et de poulies actionnent divers engins, emportant les personnages dans les airs, comme par magie. Ces procédés sont particulièrement bien adaptés à une pièce mythologique : pour les dieux, c'est une façon « naturelle » d'entrer en scène ! Ici, les machines sont utilisées dans le prologue et dans le dénouement, scènes où les dieux apparaissent comme tels, et non déguisés en humains ; ce sont en outre deux moments-clés bien propres à frapper les esprits. Au lever du rideau, la Nuit apparaît sur son char et Mercure sur un nuage ; dans la dernière scène, Jupiter vient expliquer la vérité « dans une nue » : c'est, au sens propre, le dénouement par un « *deus ex machina* ». Le journaliste Robinet, dans une lettre en vers parue immédiatement après les premières représentations, admire ces « machines volantes / Plus que des astres éclatantes ».

Galanterie et préciosité

La galanterie et la préciosité, très en vogue au XVIIe siècle, se caractérisent par la subtilité, à la fois des sentiments et du langage. *Amphitryon* en montre plusieurs exemples, dans les métaphores et les hyperboles qu'utilisent les personnages nobles : Amphitryon parle de la flamme et de l'ardeur de son amour (ses « feux ») et il se dit « assassiné » en apprenant son malheur ; Alcmène compare son époux à « un monstre effroyable » après leur dispute. Mais c'est surtout Jupiter qui représente les thèmes et le langage galants, à travers son aventure amoureuse : il pose la question des rapports entre l'amour et le devoir ; devant une Alcmène stupéfaite, il essaie de montrer la supériorité de l'amant sur le mari, tentative d'autant plus difficile qu'il ne peut pas avouer qu'il est un amant et non pas Amphitryon ! Plus tard, il déploie tous ses talents de rhétorique pour arracher le pardon d'Alcmène. Molière expose là des jeux d'idées et de langage très appréciés à la cour et dans les salons aristocratiques de l'époque.

Des allusions contemporaines ?

Certains ont vu dans cette pièce une allusion aux amours du roi Louis XIV, et notamment à son aventure avec Mme de Montespan qui date de 1667 et qui aurait, dit-on, beaucoup affecté M. de Montespan. Mais cette interprétation est tardive, et on n'en trouve aucune trace à l'époque de Molière. En revanche, impossible de ne pas voir dans les représentations de Jupiter une image de Louis XIV et de son pouvoir absolu. Le silence d'Amphitryon est-il alors celui d'un courtisan soumis, ou une critique discrète de la part de l'auteur ? En tout cas, la pièce n'a choqué ni la cour ni le roi : en novembre 1668, Louis XIV donne une nouvelle preuve de son soutien à Molière en levant l'interdiction faite au *Tartuffe*. *Amphitryon* n'est-il pas avant tout un divertissement ? À moins que ce ne soit une ruse suprême de Molière, qui a représenté sans être inquiété des sujets potentiellement dangereux ...

✎ L'essentiel

Le public a réservé un bon accueil à *Amphitryon* ; c'était un divertissement susceptible de lui plaire. Le sujet, tiré de la mythologie, est imité d'un auteur ancien ; des machines y élèvent les dieux dans les airs et on y trouve des idées et un langage galants. En toute impunité, donc, Molière a su mettre en scène un sujet plutôt immoral et la représentation du pouvoir royal.

❖ L'œuvre aujourd'hui

L'Antiquité, un obstacle ?

Amphitryon ne fait pas partie des œuvres les plus connues de Molière. Le sujet mythologique paraît sans doute plus éloigné de nous que les personnages de bourgeois et les types universels comme l'avare Harpagon.

Pourtant, on peut exploiter l'aspect « exotique » de cette pièce pour accentuer son côté merveilleux, et retrouver ainsi sa fonction première, celle d'être un divertissement à grand spectacle : la mise en scène de Marcel Maréchal, en 1997, représentait la pièce avec une troupe rajeunie, dont plusieurs lycéens : loin de gommer le contexte mythologique, le décor figurait l'entrée d'un immense temple antique. Les costumes des personnages, bariolés et féeriques, accentuaient le dépaysement. Anatoli Vassiliev a également signé une mise en scène très originale en 2002, à la Comédie-Française, l'héritière de la troupe de l'Illustre-Théâtre : la musique et les costumes – semblables à des kimonos – plongeaient la pièce dans une ambiance orientale.

Mais si elle invite à la fantaisie, la pièce aborde également des thèmes qui rejoignent nos préoccupations contemporaines.

Le double, un thème actuel

Parmi toutes les métamorphoses dont la mythologie gréco-latine est coutumière, celle en « sosie » trouve des échos très actuels. Les doutes, puis la reddition de Sosie face à son double peuvent être lus comme une réelle perte d'identité, plus angoissante que comique : peut-on m'obliger à renoncer à moi-même ? Que suis-je alors, « car encor faut-il bien que je sois quelque chose » ?

Plusieurs répliques de la pièce évoquent le rêve ou la folie, ce qui nous plonge au cœur de la psychologie. Le dédoublement de la personnalité ou encore la schizophrénie, caractérisée par des hallucinations, sont des troubles bien connus des psychiatres. Certaines études ont interprété la pièce de Molière comme une représentation de ces

15

Pour mieux lire l'œuvre

troubles, au même titre que certaines nouvelles de Maupassant ou le roman de Stevenson, *Docteur Jekyll et Mister Hyde*. La comédie voisine ici avec la littérature fantastique.

Sans aller jusqu'à la folie, les quiproquos qui caractérisent la pièce peuvent être vus comme une représentation de l'absurde cher aux auteurs de théâtre du xxe siècle.

Le double est un thème idéal pour l'utilisation de trucages et d'effets spéciaux, et Amphitryon fournirait un bon scénario de film ; le cinéma, qui a souvent traité le thème du double, peut facilement représenter un acteur face à lui-même : on tourne deux plans différents qui sont ensuite assemblés, ou l'on a recours aux images de synthèse qui permettent de démultiplier un individu à l'infini.

Ces procédés, utilisés surtout par la science-fiction, rejoignent la science contemporaine, à travers le thème du clone, qui soulève lui aussi des questions angoissantes : suis-je un être unique ou puis-je être remplacé, comme le pauvre Sosie ? Qu'est-ce qui fait que je suis *moi* ?

Une mise en scène du pouvoir

La pièce peut également être vue comme une représentation de la tyrannie, à qui tout doit se plier : Jupiter trompe à la fois Alcmène et Amphitryon, et Mercure s'amuse à torturer les humains pour passer le temps. Autant d'éléments humoristiques qui paraissent bien cruels.

Bien sûr, Molière ne dénonce pas clairement cette toute-puissance : des rapprochements avec le pouvoir absolu de Louis XIV auraient pu être dangereux pour l'auteur ; mais la pièce laisse suffisamment planer le doute pour qu'on puisse y voir une critique déguisée. Que reste-t-il, en effet, aux victimes de cet abus de pouvoir ? Alcmène est absente de la dernière scène : on ne sait donc pas ce que cette femme – fidèle par excellence – devient après son aventure. Aucune didascalie ne nous indique l'attitude d'Amphitryon qui reste muet au moment du dénouement. Un metteur en scène peut facilement montrer la douleur persistante de ce personnage qui, plusieurs fois dans la pièce, a dit que rien ne pourrait le consoler. De même, les dernières paroles de Sosie peuvent être prononcées comme une pirouette finale (« passons... ») ou comme une conclusion plus pessimiste. Chez les prédécesseurs de Molière, en revanche, tout était réparé et chacun était consolé, considérant comme un honneur d'avoir été trompé par le roi des dieux.

Entre la critique pessimiste et la fantaisie mythologique, chacun de nos contemporains peut trouver « son » Amphitryon. Le talent de Molière est précisément d'avoir écrit une pièce qui puisse rencontrer différentes époques et sensibilités, en offrant des interprétations différentes.

Molière, relais essentiel d'un mythe littéraire

Si Molière n'a pas signé avec *Amphitryon* l'une de ses « grandes comédies », il a été, par le succès de sa pièce, un relais essentiel pour transmettre cette histoire de l'Antiquité à nos jours. Ainsi, c'est la pièce de Molière qui a popularisé le nom commun *sosie* pour désigner une personne parfaitement semblable à une autre ; un *amphitryon* désigne un hôte « où l'on dîne » (selon la formule de Sosie) : il n'est pas rare de trouver ce nom sur la façade d'un restaurant ou d'un hôtel ! Voir son nom passer dans le langage courant est un privilège rare que les personnages d'*Amphitryon* partagent avec Dom Juan, Tartuffe ou Harpagon.

En 1807, Heinrich von Kleist intitule sa pièce *Amphitryon, une comédie d'après Molière*. Cette œuvre inspire à son tour l'*Amphitryon* de Jean Giraudoux, en 1929... : et l'histoire mythologique devient un mythe littéraire.

➤ *L'essentiel*

Amphitryon ne fait pas partie des grandes comédies de Molière. Pourtant, on peut y trouver un dépaysement divertissant. D'autre part, elle aborde des thèmes actuels, voire futuristes, comme celui du clone, sorte de prolongement moderne du double. On peut y lire une dénonciation des abus de pouvoir. L'empreinte de Molière est essentielle dans l'histoire d'Amphitryon comme mythe littéraire.

AMPHITRYON
Costume de Suzanne Lalique pour *Amphitryon*

Costume d'Amphitryon. Par Suzanne Lalique, 1957.

Amphitryon

Molière

Comédie représentée pour la première fois à Paris au théâtre du Palais-Royal le 13 janvier 1668, par la Troupe du roi

À Son Altesse Sérénissime Monseigneur Le Prince[1]

Monseigneur,

N'en déplaise à nos beaux esprits, je ne vois rien de plus ennuyeux que les épîtres dédicatoires[2] ; et Votre Altesse Sérénissime trouvera bon, s'il lui plaît, que je ne suive point ici le style de ces messieurs-là, et refuse de me servir de deux ou trois misérables pensées qui ont été tournées et retournées tant de fois qu'elles sont usées de tous les côtés. Le nom du Grand Condé est un nom trop glorieux pour le traiter comme on fait de tous les autres noms. Il ne faut l'appliquer, ce nom illustre, qu'à des emplois qui soient dignes de lui et, pour dire de belles choses, je voudrais parler de le mettre à la tête d'une armée plutôt qu'à la tête d'un livre ; et je conçois bien mieux ce qu'il est capable de faire en l'opposant aux forces des ennemis de cet État[3] qu'en l'opposant à la critique des ennemis d'une comédie[4].

Ce n'est pas, Monseigneur, que la glorieuse approbation de Votre Altesse Sérénissime ne fût une puissante protection pour toutes ces sortes d'ouvrages, et qu'on ne soit persuadé des lumières de votre esprit autant que de l'intrépidité de votre cœur et de la grandeur de votre âme. On sait, par toute la terre, que l'éclat de votre mérite n'est point renfermé dans les bornes de cette valeur indomptable qui se fait des adorateurs chez ceux même qu'elle surmonte[5] ; qu'il s'étend, ce mérite, jusques aux connaissances les plus fines et les plus relevées, et que les décisions de votre jugement sur tous les ouvrages d'esprit ne manquent point d'être suivies par le sentiment des plus déli-

---

1. **Monseigneur le Prince :** Louis II de Bourbon, dit le Grand Condé.
2. **Épîtres dédicatoires :** dédicaces ayant la forme d'une lettre.
3. **Ennemis de cet État :** allusion à la récente victoire du Grand Condé contre les Espagnols, en Franche-Comté.
4. **Ennemis d'une comédie :** ceux qui ont attaqué *Le Tartuffe*, comédie que le Grand Condé avait défendue.
5. **Chez ceux même qu'elle surmonte :** même chez les ennemis qu'elle a vaincus.

cats[1]. Mais on sait aussi, Monseigneur, que toutes ces glorieuses approbations dont nous nous vantons au public ne nous coûtent rien à faire imprimer ; et que ce sont des choses dont nous disposons comme nous voulons. On sait, dis-je, qu'une épître dédicatoire dit tout ce qu'il lui plaît, et qu'un auteur est en pouvoir d'aller saisir les personnes les plus augustes[2], et de parer de leurs grands noms les premiers feuillets de son livre ; qu'il a la liberté de s'y donner, autant qu'il veut, l'honneur de leur estime, et de se faire des protecteurs qui n'ont jamais songé à l'être.

Je n'abuserai, Monseigneur, ni de votre nom ni de vos bontés, pour combattre les censeurs de l'*Amphitryon*[3] et m'attribuer une gloire que je n'ai peut-être pas méritée, et je ne prends la liberté de vous offrir ma comédie que pour avoir lieu de vous dire que je regarde incessamment, avec une profonde vénération les grandes qualités que vous joignez au sang auguste dont vous tenez le jour, et que je suis, Monseigneur, avec tout le respect possible, et tout le zèle imaginable,

De Votre Altesse Sérénissime,
Le très humble, très obéissant et très obligé serviteur,
J.-B. P. Molière.

---

1. **Le sentiment des plus délicats :** l'opinion des gens les plus difficiles.
2. **Augustes :** nobles.
3. **Les censeurs de l'*Amphitryon* :** ceux qui critiquent Amphitryon.

PERSONNAGES

MERCURE	
LA NUIT	
JUPITER	*sous la forme d'Amphitryon.*
AMPHITRYON	*général des Thébains.*
ALCMÈNE	*femme d'Amphitryon.*
CLÉANTHIS	*suivante d'Alcmène et femme de Sosie.*
SOSIE	*valet d'Amphitryon.*
ARGATIPHONTIDAS	
NAUCRATÈS	
POLIDAS	
POSICLÈS	*capitaines thébains.*

La scène est à Thèbes, devant la maison d'Amphitryon.

Prologue d'*Amphitryon*.
Gravure de Lau Cars d'après une illustration de François Boucher, XIXᵉ siècle.

PROLOGUE

MERCURE, *sur un nuage* ; LA NUIT, *dans un char traîné par deux chevaux.*

MERCURE

Tout beau ![1] charmante Nuit ; daignez vous arrêter.
Il est certain secours[2], que de vous on désire ;
      Et j'ai deux mots à vous dire,
      De la part de Jupiter.

LA NUIT

5 Ah, ah, c'est vous, Seigneur Mercure !
Qui vous eût deviné là, dans cette posture ?

MERCURE

Ma foi, me trouvant las, pour ne pouvoir fournir
Aux différents emplois où[3] Jupiter m'engage,
Je me suis doucement assis sur ce nuage,
10   Pour vous attendre venir[4].

LA NUIT

Vous vous moquez, Mercure, et vous n'y songez pas.
Sied-il bien à des dieux de dire qu'ils sont las ?

MERCURE

Les dieux sont-ils de fer ?

LA NUIT

          Non ; mais il faut sans cesse
Garder le *decorum*[5] de la divinité.
15 Il est de certains mots, dont l'usage rabaisse

---

1. **Tout beau !** : doucement !
2. **Secours** : aide.
3. **Pour ne pouvoir fournir aux différents emplois où...** : parce que je ne peux suffire aux différentes tâches pour lesquelles...
4. **Pour vous attendre venir** : pour attendre votre arrivée.
5. **Le *decorum*** : la dignité.

Cette sublime qualité ;
Et que, pour leur indignité[1],
Il est bon qu'aux hommes on laisse.

MERCURE

À votre aise vous en parlez ;
20 Et vous avez, la belle, une chaise roulante[2],
Où par deux bons chevaux, en dame nonchalante,
Vous vous faites traîner partout où vous voulez.
Mais de moi ce n'est pas de même[3] ;
Et je ne puis vouloir, dans mon destin fatal,
25 Aux poètes assez de mal,
De leur impertinence extrême :
D'avoir, par une injuste loi,
Dont on veut maintenir l'usage,
À chaque Dieu, dans son emploi,
30 Donné quelque allure en partage[4],
Et de me laisser à pied, moi,
Comme un messager de village.
Moi, qui suis, comme on sait, en terre et dans les cieux,
Le fameux messager du souverain des dieux ;
35 Et qui, sans rien exagérer,
Par tous les emplois qu'il me donne,
Aurais besoin, plus que personne,
D'avoir de quoi me voiturer[5].

LA NUIT

Que voulez-vous faire à cela ?
40 Les poètes font à leur guise.
Ce n'est pas la seule sottise,
Qu'on voit faire à ces Messieurs-là.
Mais contre eux toutefois votre âme à tort s'irrite,
Et vos ailes aux pieds sont un don de leurs soins.

---

1. **Pour leur indignité :** parce qu'ils sont indignes.
2. **Une chaise roulante :** un char.
3. **Mais de moi ce n'est pas de même :** mais pour moi ce n'est pas pareil.
4. **Donné quelque allure en partage :** attribué un moyen de se déplacer.
5. **Me voiturer :** me transporter.

Prologue

MERCURE

45 Oui ; mais, pour aller plus vite,
Est-ce qu'on s'en lasse moins ?

LA NUIT

Laissons cela, Seigneur Mercure ;
Et sachons ce dont il s'agit.

MERCURE

C'est Jupiter, comme je vous l'ai dit,
50 Qui de votre manteau veut la faveur[1] obscure,
Pour certaine douce aventure
Qu'un nouvel amour lui fournit.
Ses pratiques, je crois, ne vous sont pas nouvelles ;
Bien souvent, pour la terre il néglige les cieux ;
55 Et vous n'ignorez pas que ce maître des dieux
Aime à s'humaniser pour des beautés mortelles,
Et sait cent tours[2] ingénieux,
Pour mettre à bout les plus cruelles[3].
Des yeux d'Alcmène il a senti les coups ;
60 Et, tandis qu'au milieu des béotiques[4] plaines,
Amphitryon, son époux,
Commande aux troupes thébaines,
Il en a pris la forme, et reçoit là-dessous[5]
Un soulagement à ses peines,
65 Dans la possession des plaisirs les plus doux.
L'état des mariés à ses feux[6] est propice :
L'hymen[7] ne les a joints que depuis quelques jours ;
Et la jeune chaleur[8] de leurs tendres amours
A fait que Jupiter à ce bel artifice[9]

---

1. **Faveur** : aide.
2. **Et sait cent tours** : et connaît beaucoup de ruses.
3. **Mettre à bout les plus cruelles** : vaincre les femmes les plus insensibles.
4. **Béotiques** : de Béotie, une région de Grèce où se trouve la ville de Thèbes.
5. **Là-dessous** : sous cette forme.
6. **À ses feux** : à son amour.
7. **L'hymen** : le mariage.
8. **La jeune chaleur** : l'ardeur récente.
9. **Artifice** : tromperie.

70   S'est avisé d'avoir recours.
Son stratagème ici se trouve salutaire ;
       Mais, près de maint objet chéri[1],
Pareil déguisement serait pour ne rien faire[2] ;
Et ce n'est pas partout un bon moyen de plaire,
75   Que la figure d'un mari.

LA NUIT

J'admire Jupiter[3] ; et je ne comprends pas,
Tous les déguisements qui lui viennent en tête.

MERCURE

Il veut goûter par là toutes sortes d'états[4],
Et c'est agir en dieu qui n'est pas bête.
80 Dans quelque rang qu'il soit des mortels regardé,
       Je le tiendrais fort misérable,
S'il ne quittait jamais sa mine redoutable,
Et qu'au faîte des cieux il fût toujours guindé[5].
Il n'est point à mon gré de plus sotte méthode
85 Que d'être emprisonné toujours dans sa grandeur ;
Et surtout aux transports[6] de l'amoureuse ardeur
La haute qualité devient fort incommode.
Jupiter, qui sans doute en plaisirs se connaît,
Sait descendre du haut de sa gloire suprême ;
90 Et pour entrer dans tout ce qu'il lui plaît,
       Il sort tout à fait de lui-même,
Et ce n'est plus alors Jupiter qui paraît[7].

LA NUIT

Passe encor de le voir de ce sublime étage,
       Dans celui des hommes venir ;

---

1. **Près de maint objet chéri :** auprès de beaucoup de femmes aimées.
2. **Serait pour ne rien faire :** serait inefficace.
3. **J'admire Jupiter :** Jupiter m'étonne.
4. **Goûter [...] toutes sortes d'états :** « savourer » toutes sortes de situations.
5. **Qu'[...]il fût toujours guindé :** qu'il soit toujours hissé.
6. **Transports :** élans.
7. **Paraît :** apparaît.

95   Prendre tous les transports que leur cœur peut fournir[1],
               Et se faire à leur badinage[2] ;
      Si, dans les changements où son humeur l'engage,
      À la nature humaine il s'en voulait tenir ;
               Mais de voir Jupiter taureau,
100   Serpent, cygne, ou quelque autre chose,
               Je ne trouve point cela beau,
      Et ne m'étonne pas, si parfois on en cause.

MERCURE

               Laissons dire tous les censeurs[3].
               Tels changements ont leurs douceurs,
105   Qui passent leur intelligence[4].
      Ce dieu sait ce qu'il fait aussi bien là qu'ailleurs ;
      Et dans les mouvements de leurs tendres ardeurs,
      Les bêtes ne sont pas si bêtes que l'on pense.

LA NUIT

      Revenons à l'objet dont il a les faveurs.
110   Si par son stratagème, il voit sa flamme heureuse[5],
      Que peut-il souhaiter ? et qu'est-ce que je puis ?

MERCURE

      Que vos chevaux par vous au petit pas réduits,
      Pour satisfaire aux vœux de son âme amoureuse,
               D'une nuit si délicieuse,
115   Fassent la plus longue des nuits.
      Qu'à ses transports vous donniez plus d'espace[6] ;
      Et retardiez la naissance du jour,
               Qui doit avancer le retour
               De celui dont il tient la place.

---

1. **Prendre tous les transports que leur cœur peut fournir :** adopter toutes les passions que le cœur des hommes peut fournir.
2. **Se faire à leur badinage :** s'abaisser à leurs jeux.
3. **Les censeurs :** ceux qui jugent.
4. **Qui passent leur intelligence :** qui dépassent leur intelligence ; que ces censeurs ne peuvent pas comprendre.
5. **Sa flamme heureuse :** son amour récompensé.
6. **Plus d'espace :** plus de temps.

La Nuit

120 Voilà sans doute un bel emploi[1],
Que le grand Jupiter m'apprête[2],
Et l'on donne un nom fort honnête
Au service qu'il veut de moi.

Mercure

Pour une jeune déesse,
125 Vous êtes bien du bon temps[3] !
Un tel emploi n'est bassesse
Que chez les petites gens.
Lorsque dans un haut rang on a l'heur de paraître[4],
Tout ce qu'on fait est toujours bel, et bon ;
130 Et suivant ce qu'on peut être,
Les choses changent de nom.

La Nuit

Sur de pareilles matières
Vous en savez plus que moi ;
Et pour accepter l'emploi,
135 J'en veux croire vos lumières[5].

Mecure

Hé, là, là, Madame la Nuit,
Un peu doucement, je vous prie.
Vous avez dans le monde, un bruit
De n'être pas si renchérie[6].
140 On vous fait confidente en cent climats divers
De beaucoup de bonnes affaires ;
Et je crois, à parler à sentiments ouverts,
Que nous ne nous en devons guères[7].

---

1. **Emploi :** rôle.
2. **M'apprête :** me prépare.
3. **Du bon temps :** de l'ancien temps.
4. **On a l'heur de paraître :** on a la chance de se montrer.
5. **Vos lumières :** vos connaissances.
6. **Un bruit de n'être pas si renchérie :** la réputation de ne pas être si difficile.
7. **Que nous ne nous en devons guères :** que nous sommes à égalité.

LA NUIT

Laissons ces contrariétés[1],
Et demeurons ce que nous sommes.
N'apprêtons point à rire[2] aux hommes
En nous disant nos vérités.

MERCURE

Adieu : je vais là-bas, dans ma commission[3],
Dépouiller promptement la forme de Mercure,
Pour y vêtir la figure
Du valet d'Amphitryon.

LA NUIT

Moi, dans cet hémisphère, avec ma suite obscure,
Je vais faire une station[4].

MERCURE

Bonjour, la Nuit.

LA NUIT

Adieu, Mercure.
(Mercure descend de son nuage en terre, et la Nuit passe dans son char.)

---

1. **Contrariétés :** disputes.
2. **N'apprêtons point à rire :** ne donnons pas l'occasion de rire.
3. **Dans ma commission :** pour m'acquitter de ma mission.
4. **Une station :** une pause.

ACTE I
Scène 1

SOSIE

155 Qui va là ? Heu ? Ma peur à chaque pas s'accroît.
    Messieurs, ami de tout le monde[1].
    Ah ! quelle audace sans seconde[2]
    De marcher à l'heure qu'il est !
    Que mon maître, couvert de gloire,
160   Me joue ici d'un vilain tour[3] !
Quoi ! si pour son prochain il avait quelque amour,
M'aurait-il fait partir par une nuit si noire ?
Et pour me renvoyer annoncer son retour
    Et le détail de sa victoire,
165 Ne pouvait-il pas bien attendre qu'il fût jour ?
    Sosie, à quelle servitude
    Tes jours sont-ils assujettis !
    Notre sort est beaucoup plus rude
    Chez les grands que chez les petits.
170 Ils veulent que pour eux tout soit dans la nature
    Obligé de s'immoler[4].
Jour et nuit, grêle, vent, péril, chaleur, froidure,
    Dès qu'ils parlent, il faut voler[5].
    Vingt ans d'assidu service
175   N'en obtiennent rien pour nous :
    Le moindre petit caprice
    Nous attire leur courroux[6].
    Cependant notre âme insensée

---

1. **Ami de tout le monde :** je suis ami de tout le monde.
2. **Sans seconde :** sans pareille.
3. **Me joue ici d'un vilain tour :** me joue ici un vilain tour.
4. **S'immoler :** se sacrifier.
5. **Il faut voler :** il faut courir.
6. **Courroux :** colère.

S'acharne au vain honneur de demeurer près d'eux ;
180 Et s'y veut contenter de la fausse pensée,
Qu'ont tous les autres gens que nous sommes heureux.
Vers la retraite en vain la raison nous appelle ;
En vain notre dépit[1] quelquefois y consent :
      Leur vue a sur notre zèle
185   Un ascendant[2] trop puissant ;
Et la moindre faveur d'un coup d'œil caressant
      Nous rengage de plus belle[3].
      Mais enfin, dans l'obscurité
Je vois notre maison, et ma frayeur s'évade.
190   Il me faudrait, pour l'ambassade[4],
      Quelque discours prémédité[5].
Je dois aux yeux d'Alcmène un portrait militaire
Du grand combat qui met nos ennemis à bas ;
      Mais comment diantre[6] le faire,
195   Si je ne m'y trouvai pas ?
N'importe, parlons-en, et d'estoc et de taille[7],
      Comme oculaire témoin :
Combien de gens font-ils des récits de bataille
      Dont ils se sont tenus loin ?
200   Pour jouer mon rôle sans peine,
      Je le veux un peu repasser[8] :
Voici la chambre où j'entre en courrier[9] que l'on mène,
      Et cette lanterne est Alcmène,
      À qui je me dois adresser.
(Il pose sa lanterne à terre et lui adresse son compliment[10].)

---

1. **Dépit :** déception.
2. **Un ascendant :** un pouvoir.
3. **Nous rengage de plus belle :** nous ramène à leur service.
4. **L'ambassade :** le message dont je suis chargé.
5. **Prémédité :** préparé à l'avance.
6. **Diantre :** diable.
7. **Et d'estoc, et de taille :** par tous les moyens.
8. **Repasser :** répéter.
9. **En courrier :** en messager.
10. **Son compliment :** ses salutations polies.

205 « Madame, Amphitryon, mon maître, et votre époux...
(Bon ! beau début !) l'esprit toujours plein de vos charmes,
M'a voulu choisir entre tous,
Pour vous donner avis du succès de ses armes[1],
Et du désir qu'il a de se voir près de vous.
210 – Ha ! vraiment, mon pauvre Sosie,
À te revoir, j'ai de la joie au cœur.
– Madame, ce m'est trop d'honneur,
Et mon destin doit faire envie. »
(Bien répondu !) « Comment se porte Amphitryon ?
215 – Madame, en homme de courage,
Dans les occasions[2] où la gloire l'engage. »
(Fort bien ! belle conception ![3])
« Quand viendra-t-il, par son retour charmant,
Rendre mon âme satisfaite ?
220 – Le plus tôt qu'il pourra, Madame, assurément,
Mais bien plus tard que son cœur ne souhaite. »
(Ah !) Mais quel est l'état, où la guerre l'a mis ?
Que dit-il ? que fait-il ? Contente[4] un peu mon âme.
– Il dit moins qu'il ne fait, Madame,
225 Et fait trembler les ennemis. »
(Peste ! où prend mon esprit toutes ces gentillesses[5] ?)
« Que font les révoltés ? dis-moi, quel est leur sort ?
– Ils n'ont pu résister, Madame, à notre effort :
Nous les avons taillés en pièces,
230 Mis Ptérélas leur chef à mort,
Pris Télèbe d'assaut, et déjà dans le port
Tout retentit de nos prouesses.
– Ah ! quel succès ! ô Dieux ! qui l'eût pu jamais croire ?
Raconte-moi, Sosie, un tel événement.
235 – Je le veux bien, Madame, et, sans m'enfler de gloire,
Du détail de cette victoire

---

1. **Ses armes :** son armée.
2. **Les occasions :** les combats.
3. **Belle conception ! :** belle invention !
4. **Contente :** apaise.
5. **Ces gentillesses :** ces belles paroles.

Je puis parler très savamment.
Figurez-vous donc que Télèbe,
Madame, est de ce côté :
(Il marque les lieux sur sa main, ou à terre.)
240   C'est une ville, en vérité,
Aussi grande quasi que Thèbes.
La rivière est comme là[1].
Ici nos gens se campèrent[2] ;
Et l'espace que voilà,
245   Nos ennemis l'occupèrent.
Sur un haut[3], vers cet endroit,
Était leur infanterie ;
Et plus bas, du côté droit,
Était la cavalerie.
250   Après avoir aux dieux adressé les prières,
Tous les ordres donnés, on donne le signal.
Les ennemis, pensant nous tailler des croupières[4],
Firent trois pelotons de leurs gens à cheval ;
Mais leur chaleur[5] par nous fut bientôt réprimée,
255   Et vous allez voir comme quoi[6].
Voilà notre avant-garde à bien faire animée[7] ;
Là, les archers de Créon, notre roi ;
            Et voici le corps d'armée[8],
(On fait un peu de bruit.)
Qui d'abord... Attendez. » Le corps d'armée a peur.
260   J'entends quelque bruit, ce me semble.

---

1. **La rivière est comme là :** c'est comme si la rivière était là.
2. **Se campèrent :** installèrent leur camp.
3. **Sur un haut :** sur une hauteur.
4. **Nous tailler des croupières :** nous mettre en fuite.
5. **Leur chaleur :** leur enthousiasme.
6. **Comme quoi :** comment.
7. **À bien faire animée :** décidée à bien faire.
8. **Le corps d'armée :** les troupes.

Sosie. Gouache de Fesch et Whirsker, xviiie siècle.

Clefs d'analyse

Action et personnages

1. Qu'apprend-on sur les personnages de Jupiter et d'Amphitryon dans ces deux scènes ?

2. Dans le prologue, aux vers 47, 109 et 144, quels sont les trois thèmes de discussion que les interlocuteurs proposent d'abandonner ?

3. De quoi Sosie se plaint-il au début de la scène 1 (vers 159 à 187) ? De quelles paroles prononcées par Mercure peut-on rapprocher ces propos ?

4. Quels traits de caractère Sosie montre-t-il dans la scène 1 ? Citez le texte pour justifier votre réponse.

5. Que fait Mercure à la fin du prologue ? De quoi Sosie a-t-il peur à la fin de la scène 1 ? Qu'annoncent ces deux fins de scènes ?

Langue

6. Relevez les noms ou expressions qui désignent la nuit dans les deux scènes : quelle différence remarquez-vous ?

7. Expliquez le sens des vers 50 et 119. Quelles figures de style y sont utilisées ?

8. Dans quel sens l'adjectif « sublime » est-il utilisé aux vers 16 et 93 ? Cherchez d'autres termes appartenant au même champ lexical.

9. Dans la scène 1, relevez les mots désignant la relation entre le maître et le serviteur, puis le vocabulaire du domaine militaire.

10. Des vers 228 à 232, pourquoi Sosie emploie-t-il la première personne du pluriel ? Remplacez « nous » par « il », en effectuant les transformations nécessaires.

Genre ou thèmes

11. Imaginez une mise en scène pour le prologue : quels sont les décors possibles et quelle est la situation des personnages, au début et à la fin de la scène ?

12. Par quels éléments chacune des trois divinités évoquées dans le prologue est-elle rabaissée au niveau humain ?

13. Dans la scène 1, distinguez les passages correspondant au monologue de Sosie, et au dialogue avec Alcmène. Quels signes typographiques caractérisent l'un et l'autre ?

14. Quels gestes Sosie doit-il faire et comment doit-il parler dans son dialogue avec Alcmène ? Pourquoi ce dernier n'est-il pas un dialogue de théâtre traditionnel ?

Écriture

15. Reconstituez, en sélectionnant les vers correspondants, la demande formulée par Mercure à la Nuit, puis réécrivez-la en langage courant.

16. Sous forme de dialogue, faites le récit d'un combat vu dans un film ou dans un jeu vidéo. Comme Alcmène dans la scène 1, votre interlocuteur vous interrompt par quelques questions.

Pour aller plus loin

17. Faites une recherche sur le dieu Mercure dans la mythologie grecque et romaine. Vous comparerez le résultat de vos recherches avec les renseignements contenus dans le prologue.

18. Quelles aventures de Jupiter sont évoquées par la Nuit, vers 99 et 100 ? Cherchez d'autres aventures du dieu impliquant des métamorphoses.

19. Lisez, dans Le Cid de Corneille, acte IV, scène 3, le récit de bataille fait par Rodrigue : quels points communs et quelles différences notez-vous avec le récit de Sosie ?

✳ À retenir

La traditionnelle scène d'exposition au théâtre est ici dédoublée en un prologue « divin » et une première scène « humaine ». Nous découvrons deux personnages importants, les deux valets Mercure et Sosie, chacun chargé par son maître d'une mission. La comédie fait des clins d'œil au genre tragique, avec des dieux bien humanisés, et un récit de bataille totalement inventé.

Scène 2   MERCURE, SOSIE.

MERCURE, *sous la forme de Sosie.*

Sous ce minois[1], qui lui ressemble,
Chassons de ces lieux ce causeur,
Dont l'abord importun[2] troublerait la douceur
Que nos amants goûtent ensemble.

SOSIE, *sans voir Mercure.*

265   Mon cœur tant soit peu[3] se rassure,
Et je pense que ce n'est rien.
Crainte pourtant de sinistre aventure[4],
Allons chez nous achever l'entretien.

MERCURE, *à part.*

Tu seras plus fort que Mercure,
270   Ou je t'en empêcherai bien.

SOSIE, *sans voir Mercure.*

Cette nuit, en longueur, me semble sans pareille :
Il faut, depuis le temps que je suis en chemin,
Ou que mon maître ait pris le soir pour le matin,
Ou que trop tard au lit le blond Phébus[5] sommeille,
275   Pour avoir trop pris de son vin.

MERCURE, *à part.*

Comme avec irrévérence
Parle des dieux ce maraud ![6]
Mon bras saura bien tantôt
Châtier cette insolence,

---

1. **Sous ce minois :** avec cette tête.
2. **L'abord importun :** l'arrivée gênante.
3. **Tant soit peu :** un petit peu.
4. **Crainte pourtant de sinistre aventure :** mais de peur d'une mauvaise rencontre.
5. **Phébus :** le Soleil (épithète d'Apollon).
6. **Comme avec irrévérence parle des dieux ce maraud ! :** avec quel manque de respect ce vaurien parle des dieux !

280 Et je vais m'égayer avec[1] lui comme il faut
En lui volant son nom, avec sa ressemblance.

SOSIE, *apercevant Mercure.*

Ah ! par ma foi, j'avais raison :
C'est fait de moi[2], chétive créature !
Je vois devant notre maison
285 Certain homme dont l'encolure[3]
Ne me présage rien de bon.
Pour faire semblant d'assurance[4],
Je veux chanter un peu d'ici.
(Il chante ; et lorsque Mercure parle, sa voix s'affaiblit peu à peu.)

MERCURE

Qui donc est ce coquin qui prend tant de licence,
290 Que de chanter[5] et m'étourdir ainsi ?
Veut-il qu'à l'étriller[6] ma main un peu s'applique ?

SOSIE, *à part.*

Cet homme assurément n'aime pas la musique.

MERCURE

Depuis plus d'une semaine,
Je n'ai trouvé personne à qui rompre les os.
295 La vertu[7] de mon bras se perd dans le repos,
Et je cherche quelque dos,
Pour me remettre en haleine[8].

SOSIE, *à part.*

Quel diable d'homme est-ce ci ?[9]
De mortelles frayeurs je sens mon âme atteinte.
300 Mais pourquoi trembler tant aussi ?

---

1. **M'égayer avec lui :** me moquer de lui.
2. **C'est fait de moi :** je suis perdu.
3. **L'encolure :** l'apparence.
4. **Pour faire semblant d'assurance :** pour faire comme si je n'avais pas peur.
5. **Tant de licence que de chanter :** assez de liberté pour chanter.
6. **L'étriller :** le tabasser.
7. **La vertu :** la force.
8. **En haleine :** en forme.
9. **Est-ce ci ? :** est-ce là ?

Peut-être a-t-il dans l'âme autant que moi de crainte,
Et que le drôle parle ainsi
Pour me cacher sa peur sous une audace feinte.
Oui, oui, ne souffrons point qu'on nous croie un oison[1].
305 Si je ne suis hardi[2], tâchons de le paraître.
Faisons-nous du cœur, par raison[3].
Il est seul comme moi ; je suis fort, j'ai bon maître,
Et voilà notre maison.

MERCURE

Qui va là ?

SOSIE

    Moi.

MERCURE

    Qui, moi ?

SOSIE

    Moi. *(À part.)* Courage, Sosie !

MERCURE

310 Quel est ton sort[4], dis-moi ?

SOSIE

    D'être homme, et de parler.

MERCURE

Es-tu maître ou valet ?

SOSIE

    Comme il me prend envie.

MERCURE

Où s'adressent tes pas ?

SOSIE

    Où j'ai dessein d'aller.

---

1. **Un oison :** un imbécile.
2. **Hardi :** courageux.
3. **Faisons-nous du cœur, par raison :** donnons-nous du courage par le raisonnement.
4. **Ton sort :** ta condition sociale.

MERCURE

Ah ! ceci me déplaît.

SOSIE

J'en ai l'âme ravie.

MERCURE

Résolument, par force ou par amour[1],
315 Je veux savoir de toi, traître,
Ce que tu fais, d'où tu viens avant jour[2] ;
Où tu vas, à qui tu peux être[3].

SOSIE

Je fais le bien et le mal, tour à tour ;
Je viens de là ; vais là ; j'appartiens à mon maître.

MERCURE

320 Tu montres de l'esprit, et je te vois en train
De trancher avec moi de l'homme d'importance[4].
Il me prend un désir, pour faire connaissance,
De te donner un soufflet[5] de ma main.

SOSIE

À moi-même ?

MERCURE

À toi-même : et t'en voilà certain.
(Il lui donne un soufflet.)

SOSIE

325 Ah, ah, c'est tout de bon !

MERCURE

Non : ce n'est que pour rire,
Et répondre à tes quolibets[6].

---

1. **Par force ou par amour :** de gré ou de force.
2. **Avant jour :** avant le jour.
3. **À qui tu peux être :** qui est ton maître.
4. **En train de trancher avec moi de l'homme d'importance :** décidé à faire l'important avec moi.
5. **Un soufflet :** une gifle.
6. **Tes quolibets :** tes mauvaises plaisanteries.

SOSIE

Tudieu ![1] l'ami, sans vous rien dire[2],
Comme vous baillez[3] des soufflets !

MERCURE

Ce sont là de mes moindres coups,
330   De petits soufflets ordinaires.

SOSIE

Si j'étais aussi prompt[4] que vous,
Nous ferions de belles affaires.

MERCURE

Tout cela n'est encor rien,
Pour y faire quelque pause[5] :
335   Nous verrons bien autre chose ;
Poursuivons notre entretien.

SOSIE

Je quitte la partie[6].
(Il veut s'en aller.)

MERCURE, *arrêtant Sosie.*
Où vas-tu ?

SOSIE
Que t'importe ?

MERCURE

Je veux savoir où tu vas.

SOSIE

Me faire ouvrir cette porte.
340   Pourquoi retiens-tu mes pas ?

MERCURE

Si jusqu'à l'approcher tu pousses ton audace,
Je fais sur toi pleuvoir un orage de coups.

---

1. **Tudieu !** : mince !
2. **Sans vous rien dire** : sans rien vous dire.
3. **Baillez** : donnez.
4. **Prompt** : emporté.
5. **N'est encor rien, pour y faire quelque pause** : n'est pas encore assez pour arrêter.
6. **Je quitte la partie** : j'abandonne.

SOSIE

Quoi ! tu veux, par ta menace,
M'empêcher d'entrer chez nous ?

MERCURE

Comment, chez nous !

SOSIE

Oui, chez nous.

MERCURE

345   Ô le traître !
Tu te dis de cette maison ?

SOSIE

Fort bien. Amphitryon n'en est-il pas le maître ?

MERCURE

Hé bien ! que fait cette raison ?

SOSIE

Je suis son valet.

MERCURE

Toi ?

SOSIE

Moi.

MERCURE

Son valet ?

SOSIE

Sans doute[1].

MERCURE

Valet d'Amphitryon ?

SOSIE

350   D'Amphitryon, de lui.

MERCURE

Ton nom est ?

SOSIE

Sosie.

---

1. **Sans doute :** sans aucun doute.

43

MERCURE

Heu ? comment ?

SOSIE

Sosie.

MERCURE

Écoute :

Sais-tu que de ma main je t'assomme aujourd'hui ?

SOSIE

Pourquoi ? De quelle rage est ton âme saisie ?

MERCURE

Qui te donne, dis-moi, cette témérité[1]

355 De prendre le nom de Sosie ?

SOSIE

Moi, je ne le prends point, je l'ai toujours porté.

MERCURE

Ô le mensonge horrible ! et l'impudence[2] extrême !

Tu m'oses soutenir que Sosie est ton nom ?

SOSIE

Fort bien[3], je le soutiens ; par la grande raison

360 Qu'ainsi l'a fait des dieux la puissance suprême :

Et qu'il n'est pas en moi de pouvoir dire non,

Et d'être un autre que moi-même.

(Mercure le bat.)

MERCURE

Mille coups de bâton doivent être le prix

D'une pareille effronterie[4].

SOSIE

365 Justice, citoyens ! Au secours, je vous prie !

MERCURE

Comment, bourreau[5], tu fais des cris ?

---

1. **Témérité :** audace.
2. **L'impudence :** l'insolence.
3. **Fort bien :** tout à fait.
4. **Effronterie :** sans-gêne.
5. **Bourreau :** bandit.

SOSIE

De mille coups tu me meurtris[1],
Et tu ne veux pas que je crie ?

MERCURE

C'est ainsi que mon bras...

SOSIE

      L'action ne vaut rien[2].
370 Tu triomphes de l'avantage
Que te donne sur moi mon manque de courage,
Et ce n'est pas en user bien[3],
C'est pure fanfaronnerie[4],
De vouloir profiter de la poltronnerie[5]
375 De ceux qu'attaque notre bras.
Battre un homme à jeu sûr[6] n'est pas d'une belle âme ;
Et le cœur[7] est digne de blâme,
Contre les gens qui n'en ont pas.

MERCURE

Hé bien, es-tu Sosie à présent ? qu'en dis-tu ?

SOSIE

380 Tes coups n'ont point en moi fait de métamorphose ;
Et tout le changement que je trouve à la chose,
C'est d'être Sosie battu.

MERCURE, *menaçant Sosie.*

Encor ? Cent autres coups pour cette autre impudence.

SOSIE

De grâce, fais trêve à[8] tes coups.

---

1. **Tu me meurtris :** tu me frappes.
2. **L'action ne vaut rien :** il n'y a pas de mérite.
3. **En user bien :** bien agir.
4. **Fanfaronnerie :** vantardise.
5. **Poltronnerie :** lâcheté.
6. **À jeu sûr :** sans risque.
7. **Cœur :** courage.
8. **Fais trêve à :** fais cesser, arrête.

MERCURE

385 Fais donc trêve à ton insolence.

SOSIE

Tout ce qu'il te plaira ; je garde le silence :
La dispute est par trop inégale entre nous.

MERCURE

Es-tu Sosie encor ? dis, traître !

SOSIE

Hélas ! je suis ce que tu veux.
390 Dispose de mon sort tout au gré de tes vœux[1] ;
Ton bras t'en a fait le maître.

MERCURE

Ton nom était Sosie, à ce que tu disais ?

SOSIE

Il est vrai, jusqu'ici j'ai cru la chose claire ;
Mais ton bâton, sur cette affaire,
395 M'a fait voir que je m'abusais[2].

MERCURE

C'est moi qui suis Sosie ; et tout Thèbes l'avoue :
Amphitryon jamais n'en eut d'autre que moi.

SOSIE

Toi, Sosie ?

MERCURE

Oui, Sosie ; et si quelqu'un s'y joue[3],
Il peut bien prendre garde à soi.

SOSIE, *à part.*

400 Ciel ! me faut-il ainsi renoncer à moi-même,
Et par un imposteur me voir voler mon nom ?
Que son bonheur est extrême,
De ce que je suis poltron !
Sans cela, par la mort...

---

1. **Tout au gré de tes vœux :** comme tu le souhaites.
2. **Je m'abusais :** je me trompais.
3. **S'y joue :** s'y attaque.

MERCURE

Entre tes dents, je pense,

405   Tu murmures je ne sais quoi ?

SOSIE

Non ; mais, au nom des Dieux, donne-moi la licence
De parler un moment à toi[1].

MERCURE

Parle.

SOSIE

Mais promets-moi, de grâce,
Que les coups n'en seront point.
Signons une trêve.

MERCURE

410   Passe ;
Va, je t'accorde ce point.

SOSIE

Qui te jette, dis-moi, dans cette fantaisie[2] ?
Que te reviendra-t-il[3] de m'enlever mon nom ?
Et peux-tu faire enfin, quand tu serais démon[4],

415   Que je ne sois pas moi ? que je ne sois Sosie ?

MERCURE, *levant le bâton sur Sosie.*

Comment, tu peux...

SOSIE

Ah ! tout doux :
Nous avons fait trêve aux coups.

MERCURE

Quoi ! pendard[5], imposteur, coquin...

SOSIE

Pour des injures,
Dis-m'en tant que tu voudras :

---

1. **La licence de parler un moment à toi :** la permission de te parler un moment.
2. **Fantaisie :** idée.
3. **Que te reviendra-t-il :** qu'est-ce que cela te rapportera.
4. **Quand tu serais démon :** même si tu étais une divinité.
5. **Pendard :** vaurien.

420 Ce sont légères blessures,
Et je ne m'en fâche pas.

MERCURE

Tu te dis Sosie ?

SOSIE

Oui, quelque conte frivole...[1]

MERCURE

Sus[2], je romps notre trêve, et reprends ma parole.

SOSIE

N'importe, je ne puis m'anéantir pour toi,
425 Et souffrir[3] un discours, si loin de l'apparence[4].
Être ce que je suis, est-il en ta puissance[5] ?
Et puis-je cesser d'être moi ?
S'avisa-t-on jamais d'une chose pareille !
Et peut-on démentir cent indices pressants[6] ?
430 Rêvé-je ? est-ce que je sommeille ?
Ai-je l'esprit troublé par des transports[7] puissants ?
Ne sens-je pas bien que je veille ?
Ne suis-je pas dans mon bon sens ?[8]
Mon maître Amphitryon ne m'a-t-il pas commis
435 À venir[9], en ces lieux, vers Alcmène sa femme ?
Ne lui dois-je pas faire, en lui vantant sa flamme[10],
Un récit de ses faits[11] contre nos ennemis ?
Ne suis-je pas du port arrivé tout à l'heure ?
Ne tiens-je pas une lanterne en main ?
440 Ne te trouvé-je pas devant notre demeure ?

---

1. **Quelque conte frivole... :** une histoire peu sérieuse... me l'avait fait croire.
2. **Sus :** allez !
3. **Souffrir :** supporter.
4. **L'apparence :** l'évidence.
5. **En ta puissance :** en ton pouvoir.
6. **Pressants :** indéniables.
7. **Des transports :** des égarements, la folie.
8. **Ne suis-je pas dans mon bon sens ? :** n'ai-je pas toute ma raison ?
9. **Ne m'a-t-il pas commis à venir :** ne m'a-t-il pas chargé de venir.
10. **Sa flamme :** son amour.
11. **Ses faits :** ses exploits.

Ne t'y parlé-je pas d'un esprit tout humain ?
Ne te tiens-tu pas fort de[1] ma poltronnerie
Pour m'empêcher d'entrer chez nous ?
N'as-tu pas sur mon dos exercé ta furie ?
445 Ne m'as-tu pas roué de coups ?
Ah ! tout cela n'est que trop véritable,
Et plût au Ciel le fût-il moins ![2]
Cesse donc d'insulter au sort d'un misérable,
Et laisse à mon devoir s'acquitter de ses soins[3].

MERCURE

450 Arrête : ou sur ton dos le moindre pas attire
Un assommant éclat[4] de mon juste courroux.
Tout ce que tu viens de dire
Est à moi, hormis les coups.
C'est moi qu'Amphitryon députe[5] vers Alcmène,
455 Et qui du port Persique arrive de ce pas.
Moi qui viens annoncer la valeur de son bras[6]
Qui nous fait remporter une victoire pleine,
Et de nos ennemis a mis le chef à bas ;
C'est moi qui suis Sosie enfin, de certitude[7],
460 Fils de Dave, honnête berger ;
Frère d'Arpage, mort en pays étranger ;
Mari de Cléanthis la prude,
Dont l'humeur me fait enrager ;
Qui dans Thèbes ai reçu mille coups d'étrivière[8],
465 Sans en avoir jamais dit rien,
Et jadis en public fus marqué par derrière[9],
Pour être trop homme de bien.

---

1. **Ne te tiens-tu pas fort de :** ne te sens-tu pas fort grâce à.
2. **Plût au Ciel le fût-il moins !** : si seulement cela pouvait être moins vrai !
3. **Laisse à mon devoir s'acquitter de ses soins :** laisse mon devoir faire son travail.
4. **Un assommant éclat :** une manifestation « percutante ».
5. **Députe :** envoie.
6. **La valeur de son bras :** son courage au combat.
7. **De certitude :** c'est certain.
8. **Étrivière :** courroie.
9. **Par derrière :** dans le dos.

SOSIE, *bas, à part.*

Il a raison. À moins d'être Sosie,
On ne peut pas savoir tout ce qu'il dit ;
470 Et dans l'étonnement dont mon âme est saisie,
Je commence, à mon tour, à le croire un petit[1].
En effet, maintenant que je le considère,
Je vois qu'il a de moi taille, mine, action[2].
Faisons-lui quelque question
475 Afin d'éclaircir ce mystère.
(Haut.)
Parmi tout le butin fait sur nos ennemis,
Qu'est-ce qu'Amphitryon obtient pour son partage ?

MERCURE

Cinq fort gros diamants, en nœud proprement mis[3] ;
Dont leur chef se parait, comme d'un rare ouvrage.

SOSIE

480 À qui destine-t-il un si riche présent ?

MERCURE

À sa femme ; et sur elle il le veut voir paraître.

SOSIE

Mais où, pour l'apporter, est-il mis à présent ?

MERCURE

Dans un coffret, scellé des armes de mon maître.

SOSIE, *bas, à part.*

Il ne ment pas d'un mot, à chaque repartie[4],
485 Et de moi je commence à douter tout de bon.
Près de moi, par la force, il est déjà Sosie ;
Il pourrait bien encor l'être par la raison.
Pourtant, quand je me tâte, et que je me rappelle,
Il me semble que je suis moi.
490 Où puis-je rencontrer quelque clarté fidèle[5],

---

1. **Un petit** : un peu.
2. **Action** : gestes.
3. **En nœud proprement mis** : montés en forme de nœud.
4. **Repartie** : réponse.
5. **Quelque clarté fidèle** : une explication claire.

Pour démêler ce que je voi ?
Ce que j'ai fait tout seul, et que n'a vu personne,
À moins d'être moi-même, on ne le peut savoir.
Par cette question il faut que je l'étonne[1] :
495 C'est de quoi le confondre[2], et nous allons le voir.
(Haut.)
Lorsqu'on était aux mains[3], que fis-tu dans nos tentes
Où tu courus seul te fourrer ?

MERCURE

D'un jambon...

SOSIE, *bas, à part.*

      L'y voilà !

MERCURE

      Que j'allai déterrer,

Je coupai bravement deux tranches succulentes,
500 Dont je sus fort bien me bourrer.
Et, joignant à cela d'un vin que l'on ménage[4],
Et dont, avant le goût, les yeux se contentaient,
Je pris un peu de courage,
Pour nos gens qui se battaient.

SOSIE, *bas, à part.*

505 Cette preuve sans pareille
En sa faveur conclut bien,
Et l'on n'y peut dire rien,
S'il n'était dans la bouteille.
(Haut.)
Je ne saurais nier, aux preuves qu'on m'expose,
510 Que tu ne sois Sosie ; et j'y donne ma voix[5].
Mais si tu l'es, dis-moi qui tu veux que je sois ;
Car encor faut-il bien que je sois quelque chose.

---

1. **Que je l'étonne :** que je le déstabilise.
2. **Le confondre :** le réduire au silence.
3. **Lorsqu'on était aux mains :** lorsqu'on se battait.
4. **Que l'on ménage :** que l'on garde précieusement.
5. **J'y donne ma voix :** je l'admets.

MERCURE

Quand je ne serai plus Sosie,
Sois-le, j'en demeure d'accord.
515 Mais tant que je le suis, je te garantis mort,
Si tu prends cette fantaisie[1].

SOSIE

Tout cet embarras met mon esprit sur les dents[2],
Et la raison à ce qu'on voit s'oppose.
Mais il faut terminer enfin par quelque chose,
520 Et le plus court pour moi, c'est d'entrer là-dedans.

MERCURE

Ah ! tu prends donc, pendard, goût à la bastonnade ?

SOSIE, *battu par Mercure.*

Ah ! qu'est-ce ci, grands dieux ! il frappe un ton[3] plus fort,
Et mon dos, pour un mois, en doit être malade.
Laissons ce diable d'homme ; et retournons au port.
525 Ô juste Ciel ! j'ai fait une belle ambassade[4] !

MERCURE, *seul.*

Enfin, je l'ai fait fuir ; et sous ce traitement,
De beaucoup d'actions il a reçu la peine[5].
Mais je vois Jupiter, que fort civilement
Reconduit l'amoureuse Alcmène.

---

1. **Cette fantaisie :** cette idée.
2. **Met mon esprit sur les dents :** m'épuise.
3. **Un ton :** un degré.
4. **Ambassade :** commission.
5. **La peine :** la punition.

Mercure.

Clefs d'analyse

Action et personnages

1. À quel moment Sosie aperçoit-il Mercure ? À quel moment se rend-il compte que Mercure lui ressemble ? Citez les vers et les didascalies qui vous permettent de répondre.

2. Relevez les menaces de coups de la part de Mercure. À quel moment le dieu bat-il effectivement Sosie ? Quelles paroles ou actions de Sosie provoquent ces menaces et ces coups ?

3. Quel passage est au contraire marqué par une trêve aux coups ? En quoi ce passage est-il particulièrement important ?

4. Identifiez les moments où Sosie doute, et ceux où il se rend : ces réactions sont-elles motivées par les coups de Mercure ou par ses arguments ?

5. Pour quelle raison Sosie ne parvient-il pas à piéger Mercure par ses questions, vers 474 à 508 ?

Langue

6. Relevez les différents termes qui évoquent les coups : quelles expressions contiennent une image ?

7. Quelle remarque pouvez-vous faire sur la disposition des vers 309 à 313 et 345 à 352 ? Quel rythme cela donne-t-il au dialogue ?

8. Quels types de phrases trouve-t-on dans la tirade de Sosie, vers 423 à 449 ? Quel type de phrase domine et dans quel but Sosie l'utilise-t-il ?

9. Quel est le sens véritable des vers 467 et 525 ? Comment appelle-t-on ce procédé ?

Genre ou thèmes

10. À qui s'adressent les deux personnages au début de la scène, avant d'entamer le dialogue proprement dit ? Quand ce dernier commence-t-il ?

11. Quels éléments confirment le caractère de Sosie tel qu'il est apparu à la scène précédente ? Quels éléments nouveaux vous permettent de compléter ce portrait d'un valet de comédie ?

12. Relever trois vers où Sosie fait référence aux divinités. Pourquoi ces mentions ont-elles ici un caractère comique ?

13. Comment un metteur en scène peut-il représenter la rencontre de deux « sosies » ? Sur quels éléments de l'action peut-il s'appuyer ?

Écriture

14. En vous inspirant des répliques de la scène 2 et en imaginant de nouveaux arguments, rédigez un dialogue : Sosie essaie de prouver son identité et Mercure lui démontre qu'il se trompe.

15. Sosie arrive au port et raconte à Amphitryon son incroyable aventure. Votre récit rendra compte des différentes étapes de la scène 2.

Pour aller plus loin

16. Complétez le vocabulaire relevé dans la question 5 en cherchant d'autres noms ou expressions désignant des coups (gifles, coups de bâton...). Vous classerez ces termes selon qu'ils appartiennent à un registre de langue soutenu, courant ou familier.

17. Lisez la scène 2 de l'acte III des *Fourberies de Scapin* : en quoi les coups de bâton et le personnage du valet sont-ils différents de ce que vous avez lu dans la scène 2 d'*Amphitryon* ?

✳ À retenir

L'intrigue commence avec une scène-clé : la rencontre des doubles. La longueur de cette scène est compensée par une progression dramatique et des changements de rythme dans le dialogue. La confrontation des valets confirme l'importance des rôles de Mercure et de Sosie et garantit la tonalité comique : à l'absurde de la situation répond celui des arguments, dont les plus percutants, les coups !

Scène 3 JUPITER, ALCMÈNE, CLÉANTHIS, MERCURE.

JUPITER

530 Défendez, chère Alcmène, aux flambeaux d'approcher.
Ils m'offrent des plaisirs, en m'offrant votre vue ;
Mais ils pourraient ici découvrir ma venue,
Qu'il est à propos de cacher[1].
Mon amour, que gênaient tous ces soins éclatants
535 Où me tenait lié la gloire de nos armes[2],
Au devoir de ma charge a volé les instants
Qu'il vient de donner à vos charmes.
Ce vol, qu'à vos beautés mon cœur a consacré,
Pourrait être blâmé dans la bouche publique[3],
540 Et j'en veux pour témoin unique
Celle qui peut m'en savoir gré[4].

ALCMÈNE

Je prends, Amphitryon, grande part à la gloire
Que répandent sur vous vos illustres exploits ;
Et l'éclat de votre victoire
545 Sait toucher de mon cœur les sensibles endroits ;
Mais quand je vois que cet honneur fatal[5]
Éloigne de moi ce que j'aime,
Je ne puis m'empêcher, dans ma tendresse extrême,
De lui vouloir un peu de mal ;
550 Et d'opposer mes vœux à cet ordre suprême
Qui des Thébains vous fait le général.
C'est une douce chose, après une victoire,

---

1. **Qu'il est à propos de cacher :** qu'il vaut mieux cacher.
2. **Ces soins éclatants [...] la gloire de nos armes :** ces devoirs illustres auxquels m'obligeait la gloire de nos armées.
3. **Dans la bouche publique :** par l'opinion publique.
4. **M'en savoir gré :** m'en remercier.
5. **Fatal :** dangereux.

Que la gloire, où l'on voit ce qu'on aime élevé,
Mais parmi les périls mêlés à cette gloire,
555 Un triste coup[1], hélas ! est bientôt arrivé.
De combien de frayeurs a-t-on l'âme blessée,
Au moindre choc[2] dont on entend parler ?
Voit-on, dans les horreurs d'une telle pensée,
Par où jamais se consoler
560 Du coup dont on est menacée ?
Et, de quelque laurier qu'on couronne un vainqueur,
Quelque part que l'on ait à cet honneur suprême[3],
Vaut-il ce qu'il en coûte aux tendresses d'un cœur,
Qui peut, à tout moment, trembler pour ce qu'il aime ?

JUPITER

565 Je ne vois rien en vous dont mon feu ne s'augmente.
Tout y marque à mes yeux un cœur bien enflammé ;
Et c'est, je vous l'avoue, une chose charmante,
De trouver tant d'amour dans un objet aimé.
Mais, si je l'ose dire, un scrupule me gêne,
570 Aux[4] tendres sentiments que vous me faites voir ;
Et pour les bien goûter, mon amour, chère Alcmène,
Voudrait n'y voir entrer rien de votre devoir :
Qu'à votre seule ardeur, qu'à ma seule personne,
Je dusse les faveurs[5] que je reçois de vous,
575 Et que la qualité que j'ai de votre époux,
Ne fût point ce qui me les donne.

ALCMÈNE

C'est de ce nom pourtant que l'ardeur qui me brûle,
Tient le droit de paraître au jour ;
Et je ne comprends rien à ce nouveau scrupule,
580 Dont s'embarrasse votre amour.

---

1. **Un triste coup :** une grave blessure.
2. **Choc :** affrontement.
3. **Quelque part que l'on ait à cet honneur suprême :** même si on participe à cet honneur suprême.
4. **Aux :** dans les.
5. **Je dusse les faveurs :** je doive les marques d'amour.

JUPITER

Ah ! ce que j'ai pour vous d'ardeur et de tendresse
Passe[1] aussi celle d'un époux,
Et vous ne savez pas, dans des moments si doux,
Quelle en est la délicatesse[2].

585 Vous ne concevez point qu'un cœur bien amoureux
Sur cent petits égards[3] s'attache avec étude[4],
Et se fait une inquiétude
De la manière d'être heureux.
En moi, belle et charmante Alcmène,

590 Vous voyez un mari, vous voyez un amant ;
Mais l'amant seul me touche[5], à parler franchement ;
Et je sens, près de vous, que le mari le gêne.
Cet amant, de vos vœux, jaloux au dernier point[6],
Souhaite qu'à lui seul votre cœur s'abandonne,

595 Et sa passion ne veut point
De ce que le mari lui donne.
Il veut, de pure source[7], obtenir vos ardeurs,
Et ne veut rien tenir des nœuds de l'hyménée[8] ;
Rien d'un fâcheux devoir, qui fait agir les cœurs,

600 Et par qui, tous les jours, des plus chères faveurs[9]
La douceur est empoisonnée.
Dans le scrupule enfin dont il est combattu[10],
Il veut, pour satisfaire à sa délicatesse,
Que vous le sépariez d'avec ce qui le blesse,

605 Que le mari ne soit que pour votre vertu[11] ;

---

1. **Passe :** dépasse.
2. **Délicatesse :** susceptibilité.
3. **Égards :** gentillesses.
4. **Avec étude :** avec soin.
5. **Me touche :** m'intéresse.
6. **De vos vœux, jaloux au dernier point :** très attaché à vos désirs.
7. **De pure source :** d'une source pure.
8. **Des nœuds de l'hyménée :** des liens du mariage.
9. **Faveurs :** marques d'amour.
10. **Dont il est combattu :** par lequel il est troublé.
11. **Vertu :** honnêteté.

Et que de votre cœur, de bonté revêtu,
L'amant ait tout l'amour, et toute la tendresse.

ALCMÈNE

Amphitryon, en vérité,
Vous vous moquez de tenir ce langage,
610 Et j'aurais peur qu'on ne vous crût pas sage,
Si de quelqu'un vous étiez écouté.

JUPITER

Ce discours est plus raisonnable,
Alcmène, que vous ne pensez ;
Mais un plus long séjour me rendrait trop coupable,
615 Et du retour au port les moments sont pressés[1].
Adieu : de mon devoir l'étrange barbarie[2]
Pour un temps m'arrache de vous.
Mais, belle Alcmène, au moins, quand vous verrez l'époux,
Songez à l'amant, je vous prie.

ALCMÈNE

620 Je ne sépare point ce qu'unissent les dieux ;
Et l'époux, et l'amant me sont fort précieux.

CLÉANTHIS, *à part.*

Ô Ciel ! que d'aimables caresses
D'un époux ardemment chéri !
Et que mon traître de mari
625 Est loin de toutes ces tendresses !

MERCURE, *à part.*

La Nuit, qu'il me faut avertir,
N'a plus qu'à plier tous ses voiles ;
Et, pour effacer les étoiles,
Le Soleil, de son lit, peut maintenant sortir.

---

1. **Pressés :** proches.
2. **L'étrange barbarie :** l'extrême cruauté.

Scène 4 CLÉANTHIS, MERCURE.

(Mercure veut s'en aller.)

CLÉANTHIS

630 Quoi ! c'est ainsi que l'on me quitte ?

MERCURE

Et comment donc ? Ne veux-tu pas
Que de mon devoir je m'acquitte ?
Et que d'Amphitryon j'aille suivre les pas ?

CLÉANTHIS

Mais avec cette brusquerie,
635 Traître, de moi te séparer !

MERCURE

Le beau sujet de fâcherie !
Nous avons tant de temps ensemble à demeurer[1].

CLÉANTHIS

Mais quoi ! partir ainsi d'une façon brutale,
Sans me dire un seul mot de douceur pour régale[2] !

MERCURE

640 Diantre ! où veux-tu que mon esprit
T'aille chercher des fariboles[3] ?
Quinze ans de mariage épuisent les paroles ;
Et depuis un long temps, nous nous sommes tout dit.

CLÉANTHIS

Regarde, traître, Amphitryon,
645 Vois combien pour Alcmène il étale de flamme,
Et rougis là-dessus du peu de passion
Que tu témoignes pour ta femme.

---

1. **Ensemble à demeurer :** à rester ensemble.
2. **Pour régale :** comme réjouissance.
3. **Fariboles :** sornettes.

MERCURE

Hé, mon Dieu ! Cléanthis, ils sont encore amants.
Il est certain âge où tout passe ;
650 Et ce qui leur sied bien dans ces commencements,
En nous, vieux mariés, aurait mauvaise grâce[1].
Il nous ferait beau voir, attachés face à face
À pousser[2] les beaux sentiments !

CLÉANTHIS

Quoi ? suis-je hors d'état, perfide, d'espérer
655 Qu'un cœur auprès de moi soupire ?

MERCURE

Non, je n'ai garde de le dire ;
Mais je suis trop barbon[3] pour oser soupirer,
Et je ferais crever de rire.

CLÉANTHIS

Mérites-tu, pendard, cet insigne bonheur
660 De te voir pour épouse une femme d'honneur ?

MERCURE

Mon Dieu ! tu n'es que trop honnête :
Ce grand honneur ne me vaut rien.
Ne sois point si femme de bien,
Et me romps un peu moins la tête.

CLÉANTHIS

665 Comment ? de trop bien vivre[4] on te voit me blâmer ?

MERCURE

La douceur d'une femme est tout ce qui me charme ;
Et ta vertu fait un vacarme
Qui ne cesse de m'assommer.

CLÉANTHIS

Il te faudrait des cœurs pleins de fausses tendresses,
670 De ces femmes aux beaux et louables talents,

---

1. **Aurait mauvaise grâce :** n'aurait aucun charme.

2. **Pousser :** étaler.

3. **Barbon :** vieux.

4. **De trop bien vivre :** de vivre trop honnêtement.

Qui savent accabler leurs maris de caresses,
Pour leur faire avaler l'usage des galants[1].

MERCURE

Ma foi ! veux-tu que je te dise ?
Un mal d'opinion[2] ne touche que les sots ;
675 Et je prendrais pour ma devise :
« Moins d'honneur, et plus de repos. »

CLÉANTHIS

Comment ? tu souffrirais[3], sans nulle répugnance,
Que j'aimasse un galant avec toute licence[4] ?

MERCURE

Oui, si je n'étais plus de tes cris rebattu[5],
680 Et qu'on te vît changer d'humeur et de méthode.
J'aime mieux un vice commode[6]
Qu'une fatigante vertu.
Adieu, Cléanthis, ma chère âme :
Il me faut suivre Amphitryon.
(Il s'en va.)

CLÉANTHIS, *seule.*

685 Pourquoi, pour punir cet infâme,
Mon cœur n'a-t-il assez de résolution ?[7]
Ah ! que dans cette occasion
J'enrage d'être honnête femme !

---

1. **L'usage des galants :** le fait d'avoir des amants.
2. **Un mal d'opinion :** un mal imaginaire.
3. **Tu souffrirais :** tu supporterais.
4. **Avec toute licence :** en toute liberté.
5. **De tes cris rebattu :** assommé par tes cris.
6. **Commode :** facile à vivre.
7. **Mon cœur n'a-t-il assez de résolution ? :** mon courage n'a-t-il pas assez de fermeté ?

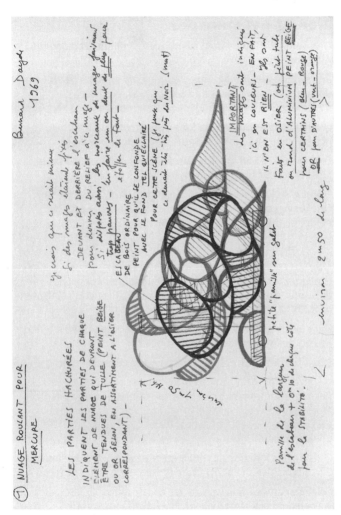

Décor pour Amphitryon. Dessin de Bernard Daydé, 1969.

Clefs d'analyse

Action et personnages

1. Que demande Jupiter dans sa première réplique, et de quoi Alcmène se plaint-elle en réponse (vers 530 à 564) ?

2. En quoi consiste le « scrupule » évoqué par Jupiter à partir du vers 569 ? Quelle réaction cela provoque-t-il de la part d'Alcmène ?

3. Quelles sont les préoccupations respectives de Cléanthis et de Mercure à la fin de la scène 3 et au début de la scène 4 ?

4. Des vers 630 à 658, quelles raisons Mercure trouve-t-il pour justifier son attitude ?

5. Sur quel sujet s'oriente la conversation à partir du vers 659 ? Quel point commun cette discussion révèle-t-elle entre Mercure et Jupiter, puis entre Cléanthis et Alcmène ?

Langue

6. Expliquez le double sens que l'on peut donner aux propos de Jupiter dans sa première réplique et à l'affirmation d'Alcmène (v. 620).

7. Dans les trois premières répliques, quelles idées la conjonction de coordination « mais » oppose-t-elle ?

8. Quels termes et expressions sont opposés dans la tirade de Jupiter, vers 581 à 607 ?

9. Relevez, dans les vers 530 à 576, les expressions imagées et les hyperboles : à quels champs lexicaux appartiennent ces expressions ? Est-ce le vocabulaire que l'on attend dans une comédie ?

10. Quelle est la fonction des guillemets au vers 676 ? Quelles autres phrases de Mercure pourrait-on présenter de la même façon ?

11. Relevez, dans les deux scènes, les apostrophes par lesquelles les personnages s'interpellent. Quelle différence entre les deux scènes ce relevé fait-il apparaître ?

Genre ou thèmes

12. Quel rôle Cléanthis et Mercure jouent-ils dans la scène 3 ? Quelle peut être leur position et leur attitude sur scène ?

13. Comparez le rythme des vers et la longueur des répliques dans les deux scènes : quelles différences remarquez-vous ?

14. Quels malentendus les scènes 3 et 4 préparent-elles, au moment du retour d'Amphitryon et de Sosie ?

Écriture

15. En vous aidant des questions ci-dessus, faites une synthèse des points communs et des différences entre ces deux scènes.

16. Cléanthis rappelle à Mercure quelques-uns des propos galants adressés par Jupiter à Alcmène : choisissez quelques répliques de la scène 3, que vous transposerez au style indirect en les introduisant par des phrases du type « il lui a dit que... ».

Pour aller plus loin

17. Cherchez dans un dictionnaire la définition des termes « galanterie » et « préciosité ». Quelles œuvres et quels auteurs peuvent être associés à ces procédés ?

18. Cherchez des scènes de ménage dans d'autres pièces de théâtre. Chez Molière, vous pourrez lire et résumer *Le Médecin malgré lui* (acte I, scène 1), *Le Bourgeois gentilhomme* (acte III, scène 3) ou *Le Malade imaginaire* (acte III, scène 12).

Clefs d'analyse

✳ À retenir

Jupiter fait ses adieux à Alcmène. Les personnages utilisent un style soutenu, voire précieux ; le dieu y ajoute même une certaine immoralité, à laquelle l'honnête Alcmène ne comprend rien. En écho, et avec un contraste comique, le dialogue entre Cléanthis et Mercure donne lieu à une scène de ménage. L'acte I s'achève sur deux scènes de quiproquos qui annoncent de nouveaux malentendus.

ACTE II
Scène 1 AMPHITRYON, SOSIE.

AMPHITRYON

Viens çà, bourreau, viens çà[1]. Sais-tu, maître fripon,
690 Qu'à te faire assommer ton discours peut suffire ?
Et que pour te traiter comme je le désire,
Mon courroux n'attend qu'un bâton ?

SOSIE

Si vous le prenez sur ce ton,
Monsieur, je n'ai plus rien à dire,
695 Et vous aurez toujours raison.

AMPHITRYON

Quoi ? tu veux me donner pour des vérités, traître,
Des contes que je vois d'extravagance outrés[2] ?

SOSIE

Non, je suis le valet, et vous êtes le maître ;
Il n'en sera, Monsieur, que ce que vous voudrez.

AMPHITRYON

700 Çà, je veux étouffer[3] le courroux qui m'enflamme,
Et tout du long t'ouïr sur ta commission[4].
Il faut, avant que[5] voir ma femme,
Que je débrouille ici cette confusion[6].
Rappelle tous tes sens, rentre bien dans ton âme[7],
705 Et réponds, mot pour mot, à chaque question.

---

1. **Viens çà :** viens ici.
2. **Des contes que je vois d'extravagance outrés :** des histoires dont je vois qu'elles sont pleines d'absurdité.
3. **Étouffer :** retenir.
4. **Tout du long t'ouïr sur ta commission :** écouter tout ce que tu as à me dire sur ta mission.
5. **Avant que :** avant de.
6. **Cette confusion :** cette situation confuse.
7. **Rentre bien dans ton âme :** reprends bien tes esprits.

SOSIE

Mais, de peur d'incongruité[1],
Dites-moi, de grâce, à l'avance,
De quel air[2] il vous plaît que ceci soit traité.
Parlerai-je, Monsieur, selon ma conscience,
710 Ou comme auprès des grands on le voit usité[3] ?
Faut-il dire la vérité,
Ou bien user de complaisance ?

AMPHITRYON

Non : je ne te veux obliger
Qu'à me rendre de tout un compte fort sincère.

SOSIE

715 Bon, c'est assez ; laissez-moi faire :
Vous n'avez qu'à m'interroger.

AMPHITRYON

Sur l'ordre que tantôt je t'avais su prescrire[4]... ?

SOSIE

Je suis parti, les cieux d'un noir crêpe voilés,
Pestant fort contre vous dans ce fâcheux martyre[5],
720 Et maudissant vingt fois l'ordre dont vous parlez.

AMPHITRYON

Comment, coquin ?

SOSIE

Monsieur, vous n'avez rien qu'à dire[6],
Je mentirai si vous voulez.

AMPHITRYON

Voilà comme un valet montre pour nous du zèle.
Passons. Sur les chemins que t'est-il arrivé ?

---

1. **De peur d'incongruité :** de peur de faire une gaffe.
2. **De quel air :** de quelle façon.
3. **On le voit usité :** on voit que cela se pratique.
4. **Je t'avais su prescrire :** je t'avais donné.
5. **Ce fâcheux martyre :** cette torture cruelle.
6. **Vous n'avez rien qu'à dire :** vous n'avez qu'à dire.

SOSIE

725 D'avoir une frayeur mortelle,
Au moindre objet que j'ai trouvé.

AMPHITRYON

Poltron !

SOSIE

En nous formant, Nature a ses caprices ;
Divers penchants[1] en nous elle fait observer :
Les uns à s'exposer trouvent mille délices ;
730 Moi, j'en trouve à me conserver.

AMPHITRYON

Arrivant au logis... ?

SOSIE

J'ai devant notre porte,
En moi-même voulu répéter un petit[2]
Sur quel ton et de quelle sorte
Je ferais du combat le glorieux récit.

AMPHITRYON

735 Ensuite ?

SOSIE

On m'est venu troubler et mettre en peine[3].

AMPHITRYON

Et qui ?

SOSIE

Sosie, un moi, de vos ordres jaloux[4],
Que vous avez du port envoyé vers Alcmène,
Et qui de nos secrets a connaissance pleine,
Comme le moi qui parle à vous.

AMPHITRYON

740 Quels contes !

---

1. **Divers penchants :** des goûts différents.
2. **Un petit :** un peu.
3. **On m'est venu troubler et mettre en peine :** on est venu me déranger et me causer des ennuis.
4. **De vos ordres jaloux :** très attaché à vos ordres.

SOSIE

Non, Monsieur, c'est la vérité pure.
Ce moi plus tôt que moi s'est au logis trouvé ;
Et j'étais venu, je vous jure,
Avant que je fusse arrivé.

AMPHITRYON

D'où peut procéder[1], je te prie,
745   Ce galimatias[2] maudit ?
Est-ce songe ? est-ce ivrognerie ?
Aliénation d'esprit ?
Ou méchante plaisanterie ?

SOSIE

Non, c'est la chose comme elle est,
750   Et point du tout conte frivole.
Je suis homme d'honneur, j'en donne ma parole,
Et vous m'en croirez, s'il vous plaît[3].
Je vous dis que, croyant n'être qu'un seul Sosie,
Je me suis trouvé deux chez nous ;
755   Et que de ces deux moi, piqués de jalousie[4],
L'un est à la maison, et l'autre est avec vous ;
Que le moi que voici, chargé de lassitude,
A trouvé l'autre moi, frais, gaillard et dispos,
Et n'ayant d'autre inquiétude[5]
760   Que de battre et casser des os.

AMPHITRYON

Il faut être, je le confesse,
D'un esprit bien posé, bien tranquille, bien doux,
Pour souffrir[6] qu'un valet de chansons me repaisse[7].

SOSIE

Si vous vous mettez en courroux,

---

1. **Procéder :** venir.
2. **Galimatias :** charabia.
3. **S'il vous plaît :** si vous voulez.
4. **Piqués de jalousie :** rivalisant de zèle.
5. **Inquiétude :** préoccupation.
6. **Souffrir :** supporter.
7. **De chansons me repaisse :** me soûle de sottises.

765 Plus de conférence[1] entre nous :
Vous savez que d'abord[2] tout cesse.

AMPHITRYON

Non : sans emportement je te veux écouter ;
Je l'ai promis. Mais dis, en bonne conscience,
Au mystère nouveau que tu me viens conter
770 Est-il quelque ombre d'apparence ?[3]

SOSIE

Non : vous avez raison, et la chose à chacun
Hors de créance[4] doit paraître.
C'est un fait à n'y rien connaître[5],
Un conte extravagant, ridicule, importun :
775 Cela choque le sens commun ;
Mais cela ne laisse pas d'être[6].

AMPHITRYON

Le moyen d'en rien croire, à moins qu'être insensé ?[7]

SOSIE

Je ne l'ai pas cru, moi, sans une peine[8] extrême :
Je me suis d'être deux senti l'esprit blessé,
780 Et longtemps d'imposteur j'ai traité ce moi-même.
Mais à me reconnaître enfin il m'a forcé :
J'ai vu que c'était moi, sans aucun stratagème[9] ;
Des pieds, jusqu'à la tête, il est comme moi fait,
Beau, l'air noble, bien pris[10], les manières charmantes ;
785 Enfin deux gouttes de lait
Ne sont pas plus ressemblantes ;

---

1. **Conférence :** dialogue.
2. **D'abord :** tout de suite.
3. **Est-il quelque ombre d'apparence ? :** y a-t-il la moindre apparence de vérité ?
4. **Hors de créance :** impossible à croire.
5. **Connaître :** comprendre.
6. **Cela ne laisse pas d'être :** il n'empêche que c'est vrai.
7. **Le moyen d'en rien croire, à moins qu'être insensé ? :** comment y croire, à moins d'être fou ?
8. **Peine :** difficulté.
9. **Stratagème :** ruse.
10. **Bien pris :** bien proportionné.

Et n'était que[1] ses mains sont un peu trop pesantes,
J'en serais fort satisfait.

AMPHITRYON

À quelle patience il faut que je m'exhorte[2] !
790 Mais enfin n'es-tu pas entré dans la maison ?

SOSIE

Bon, entré ! Hé ! de quelle sorte ?
Ai-je voulu jamais entendre de raison ?
Et ne me suis-je pas interdit notre porte ?

AMPHITRYON

Comment donc ?

SOSIE

Avec un bâton :
795 Dont mon dos sent encore une douleur très forte.

AMPHITRYON

On t'a battu ?

SOSIE

Vraiment.

AMPHITRYON

Et qui ?

SOSIE

Moi.

AMPHITRYON

Toi, te battre ?

SOSIE

Oui, moi : non pas le moi d'ici,
Mais le moi du logis, qui frappe comme quatre.

AMPHITRYON

Te confonde le Ciel[3] de me parler ainsi !

SOSIE

800 Ce ne sont point des badinages[4].

---

1. **N'était que :** si ce n'était que.
2. **Je m'exhorte :** je m'oblige.
3. **Te confonde le Ciel :** que le ciel te punisse.
4. **Des badinages :** des plaisanteries.

Le moi que j'ai trouvé tantôt
Sur le moi qui vous parle a de grands avantages :
Il a le bras fort, le cœur haut[1] ;
J'en ai reçu des témoignages,
805   Et ce diable de moi m'a rossé[2] comme il faut :
C'est un drôle qui fait des rages[3].

AMPHITRYON

Achevons. As-tu vu ma femme ?

SOSIE

Non.

AMPHITRYON

Pourquoi ?

SOSIE

Par une raison assez forte.

AMPHITRYON

Qui t'a fait y manquer, maraud ? explique-toi.

SOSIE

810   Faut-il le répéter vingt fois de même sorte ?
Moi, vous dis-je, ce moi plus robuste que moi,
Ce moi qui s'est de force emparé de la porte.
Ce moi qui m'a fait filer doux,
Ce moi qui le seul moi veut être,
815   Ce moi de moi-même jaloux,
Ce moi vaillant, dont le courroux
Au moi poltron s'est fait connaître,
Enfin ce moi qui suis chez nous,
Ce moi qui s'est montré mon maître,
820   Ce moi qui m'a roué de coups.

AMPHITRYON

Il faut que ce matin, à force de trop boire,
Il se soit troublé le cerveau.

---

1. **Le cœur haut :** un grand courage.
2. **Rossé :** frappé.
3. **Qui fait des rages :** qui fait des exploits.

SOSIE

Je veux être pendu si j'ai bu que[1] de l'eau :
À mon serment on m'en peut croire.

AMPHITRYON

825 Il faut donc qu'au sommeil tes sens se soient portés,
Et qu'un songe fâcheux, dans ses confus mystères,
T'ait fait voir toutes les chimères[2]
Dont tu me fais des vérités ?

SOSIE

Tout aussi peu. Je n'ai point sommeillé,
830 Et n'en ai même aucune envie.
Je vous parle bien éveillé ;
J'étais bien éveillé ce matin, sur ma vie !
Et bien éveillé même était l'autre Sosie,
Quand il m'a si bien étrillé[3].

AMPHITRYON

835 Suis-moi. Je t'impose silence :
C'est trop me fatiguer l'esprit ;
Et je suis un vrai fou d'avoir la patience
D'écouter d'un valet les sottises qu'il dit.

SOSIE, *à part.*

Tous les discours sont des sottises,
840 Partant d'un homme sans éclat[4] ;
Ce seraient paroles exquises
Si c'était un grand qui parlât.

AMPHITRYON

Entrons, sans davantage attendre.
Mais Alcmène paraît avec tous ses appas[5].
845 En ce moment sans doute elle ne m'attend pas
Et mon abord[6] la va surprendre.

---

1. **Si j'ai bu que :** si j'ai bu autre chose que.
2. **Chimères :** visions.
3. **Étrillé :** tabassé.
4. **Sans éclat :** inconnu.
5. **Ses appas :** ses charmes.
6. **Mon abord :** mon arrivée.

Clefs d'analyse

Clefs d'analyse

Action et personnages

1. De quelle scène de l'acte I cette scène est-elle la suite directe ?

2. Quel trait du caractère d'Amphitryon le début de la scène révèle-t-il ?

3. À quel moment Amphitryon commence-t-il à interroger Sosie ? Quand y renonce-t-il ?

4. Quelle demande Sosie fait-il à son maître avant de répondre à ses questions ? Pourquoi, à votre avis ?

5. Quelles sont, tout au long de la scène, les réactions d'Amphitryon devant les propos incompréhensibles de Sosie ? Quelles raisons trouve-t-il pour expliquer ces incohérences ?

6. Quel portrait Sosie fait-il de Mercure ? En quoi le présente-t-il comme semblable à lui, en quoi le trouve-t-il différent ?

7. Quels sont les différents sens que l'on peut donner à la dernière réplique d'Amphitryon ?

Langue

8. Quels différents types de phrases Amphitryon utilise-t-il pour s'adresser à Sosie ? Par quelles apostrophes l'interpelle-t-il ?

9. Quelles expressions désignent tour à tour la vérité et la flatterie dans la réplique de Sosie (vers 706 à 712) ?

10. Quel sens les mots « conte » et « conter » ont-ils dans cette scène ? À quel champ lexical ces mots sont-il associés ?

11. Comment Sosie utilise-t-il les pronoms de la première et de la troisième personne du singulier pour parler de Mercure et de lui-même ?

12. Quelles figures de style reconnaissez-vous aux vers 729-730 et 839-842, aux vers 762 et 774, dans les vers 811 à 820 ?

Genre ou thèmes

13. Dans quelles répliques Sosie se montre-t-il un valet obéissant ? Dans quelles répliques fait-il preuve au contraire d'une certaine insolence ?

14. À quels passages de l'acte I correspondent les différents moments évoqués par Sosie dans son récit ?

Écriture

15. Réécrivez le récit de la rencontre entre Sosie et Mercure de façon à le rendre vraisemblable. Vous présenterez votre texte sous la forme d'un dialogue entre Amphitryon et Sosie ; le premier interrompra quelquefois son interlocuteur pour marquer son étonnement ou pour demander des précisions.

16. Trouvez plusieurs arguments qu'Amphitryon pourrait opposer à Sosie pour lui montrer que ce qu'il dit est impossible.

Pour aller plus loin

17. Faites une recherche sur le mot « sosie » : son étymologie, les noms ou expressions de même sens, etc.

18. Quel est le sens étymologique du terme « aliénation » ? En quoi ce nom est-il particulièrement bien adapté au récit de Sosie ?

19. Lisez le dialogue entre Monsieur Jourdain et Nicole dans *Le Bourgeois gentilhomme* (acte III, scène 2), ou celui entre Argan et Toinette dans *Le Malade imaginaire* (acte I, scène 2). En les comparant à cette scène d'*Amphitryon*, comment définiriez-vous la relation entre le maître et le serviteur chez Molière ?

✳ À retenir

Nous assistons à un dialogue entre le maître et son serviteur : à la colère et aux menaces d'Amphitryon Sosie répond par une obéissance mêlée d'insolence. Mais, surtout, l'auteur nous offre ici le plaisir de revivre la scène des doubles, à travers le récit absurde et incompréhensible de Sosie : pour sa première apparition sur scène, Amphitryon est déjà totalement dépassé !

Clefs d'analyse

Scène 2   ALCMÈNE, CLÉANTHIS, AMPHITRYON, SOSIE.

ALCMÈNE, *sans voir Amphitryon.*

Allons, pour mon époux, Cléanthis, vers les dieux
Nous acquitter de nos hommages[1],
Et les remercier des succès glorieux
850   Dont Thèbes, par son bras, goûte les avantages.
(Apercevant Amphitryon.)
Ô dieux !

AMPHITRYON

Fasse le Ciel qu'Amphitryon vainqueur
Avec plaisir soit revu de sa femme,
Et que ce jour favorable à ma flamme[2]
Vous redonne à mes yeux avec le même cœur :
855   Que j'y retrouve autant d'ardeur
Que vous en rapporte mon âme !

ALCMÈNE

Quoi ? de retour si tôt ?

AMPHITRYON

Certes, c'est en ce jour
Me donner de vos feux[3] un mauvais témoignage,
Et ce « Quoi ? si tôt de retour ? »
860   En ces occasions n'est guère le langage
D'un cœur bien enflammé d'amour.
J'osais me flatter en moi-même
Que loin de vous j'aurais trop demeuré.
L'attente d'un retour ardemment désiré
865   Donne à tous les instants une longueur extrême,
Et l'absence de ce qu'on aime,
Quelque peu qu'elle dure, a toujours trop duré.

---

1. **Vers les dieux nous acquitter de nos hommages :** remplir nos devoirs envers les dieux.
2. **Ma flamme :** ma passion.
3. **Vos feux :** votre amour.

ALCMÈNE

Je ne vois...

AMPHITRYON

Non, Alcmène, à son impatience
On mesure le temps en de pareils états ;
870 Et vous comptez les moments de l'absence
En personne qui n'aime pas.
Lorsque l'on aime comme il faut,
Le moindre éloignement nous tue,
Et ce dont on chérit la vue
875 Ne revient jamais assez tôt.
De votre accueil, je le confesse,
Se plaint ici mon amoureuse ardeur[1],
Et j'attendais de votre cœur
D'autres transports[2] de joie et de tendresse.

ALCMÈNE

880 J'ai peine à comprendre sur quoi
Vous fondez les discours que je vous entends faire ;
Et si vous vous plaignez de moi,
Je ne sais pas, de bonne foi[3],
Ce qu'il faut pour vous satisfaire ;
885 Hier au soir, ce me semble, à votre heureux retour,
On me vit témoigner une joie assez tendre,
Et rendre aux soins[4] de votre amour
Tout ce que de mon cœur vous aviez lieu d'attendre.

AMPHITRYON

Comment ?

ALCMÈNE

Ne fis-je pas éclater à vos yeux
890 Les soudains mouvements d'une entière allégresse ?
Et le transport d'un cœur peut-il s'expliquer mieux,
Au retour d'un époux qu'on aime avec tendresse ?

---

1. **Mon amoureuse ardeur :** ma passion amoureuse.
2. **Transports :** élans.
3. **De bonne foi :** sincèrement.
4. **Soins :** préoccupations.

AMPHITRYON

Que me dites-vous là ?

ALCMÈNE

              Que même votre amour
Montra[1] de mon accueil une joie incroyable ;
895   Et que, m'ayant quittée[2] à la pointe du jour,
Je ne vois pas qu'à ce soudain retour
Ma surprise soit si coupable.

AMPHITRYON

Est-ce que du retour que j'ai précipité
Un songe, cette nuit, Alcmène, dans votre âme
900   A prévenu[3] la vérité ?
Et que m'ayant peut-être en dormant bien traité
Votre cœur se croit vers ma flamme
Assez amplement acquitté ?

ALCMÈNE

Est-ce qu'une vapeur, par sa malignité[4],
905   Amphitryon, a dans votre âme
Du retour d'hier au soir brouillé la vérité ?
Et que du doux accueil duquel je m'acquittai
Votre cœur prétend à ma flamme
Ravir toute l'honnêteté[5] ?

AMPHITRYON

910   Cette vapeur dont vous me régalez[6]
Est un peu, ce me semble, étrange.

ALCMÈNE

C'est ce qu'on peut donner pour change
Au songe[7] dont vous me parlez.

---

1. **Que même votre amour montra :** que votre amour montra même.
2. **M'ayant quittée :** vu que vous m'avez quittée.
3. **Prévenu :** précédé.
4. **Une vapeur, par sa malignité :** un grave malaise.
5. **L'honnêteté :** l'amabilité.
6. **Dont vous me régalez :** dont vous me faites cadeau.
7. **C'est ce qu'on peut donner pour change au songe :** on peut en dire autant du songe.

AMPHITRYON

À moins d'un songe, on ne peut pas sans doute
915 Excuser ce qu'ici votre bouche me dit.

ALCMÈNE

À moins d'une vapeur qui vous trouble l'esprit,
On ne peut pas sauver[1] ce que de vous j'écoute.

AMPHITRYON

Laissons un peu cette vapeur, Alcmène.

ALCMÈNE

Laissons un peu ce songe, Amphitryon.

AMPHITRYON

920 Sur le sujet dont il est question,
Il n'est guère de jeu que trop loin on ne mène[2].

ALCMÈNE

Sans doute ; et pour marque certaine,
Je commence à sentir un peu d'émotion[3].

AMPHITRYON

Est-ce donc que par là vous voulez essayer
925 À réparer[4] l'accueil dont je vous ai fait plainte ?

ALCMÈNE

Est-ce donc que par cette feinte
Vous désirez vous égayer[5] ?

AMPHITRYON

Ah ! de grâce, cessons, Alcmène, je vous prie,
Et parlons sérieusement.

ALCMÈNE

930 Amphitryon, c'est trop pousser[6] l'amusement :
Finissons cette raillerie[7].

---

1. **Sauver :** justifier.
2. **Il n'est guère de jeu que trop loin on ne mène :** toute plaisanterie est de trop.
3. **Un peu d'émotion :** un peu de trouble.
4. **À réparer :** de réparer.
5. **Vous égayer :** vous amuser.
6. **Pousser :** prolonger.
7. **Raillerie :** plaisanterie.

AMPHITRYON

Quoi ! vous osez me soutenir en face
Que plus tôt qu'à cette heure on m'ait ici pu voir ?

ALCMÈNE

Quoi ? vous voulez nier avec audace
935   Que dès hier en ces lieux vous vîntes sur le soir ?

AMPHITRYON

Moi ! je vins hier ?

ALCMÈNE

                    Sans doute[1] ; et dès devant[2] l'aurore,
Vous vous en êtes retourné.

AMPHITRYON, *à part.*

Ciel ! un pareil débat[3] s'est-il pu voir encore ?
Et qui de tout ceci ne serait étonné ?
940   Sosie ?

SOSIE

            Elle a besoin de six grains d'ellébore[4].
Monsieur, son esprit est tourné[5].

AMPHITRYON

Alcmène, au nom de tous les dieux !
Ce discours a d'étranges suites[6] :
Reprenez vos sens un peu mieux,
945   Et pensez à ce que vous dites.

ALCMÈNE

J'y pense mûrement aussi,
Et tous ceux du logis ont vu votre arrivée.
J'ignore quel motif vous fait agir ainsi ;
Mais si la chose avait besoin d'être prouvée,
950   S'il était vrai qu'on pût ne s'en souvenir pas,

---

1. **Sans doute :** sans aucun doute.
2. **Devant :** avant.
3. **Débat :** discussion.
4. **Ellébore :** plante utilisée pour guérir la folie.
5. **Tourné :** dérangé.
6. **Suites :** conséquences.

De qui puis-je tenir, que de vous[1], la nouvelle
Du dernier de tous vos combats ?
Et les cinq diamants que portait Ptérélas,
Qu'a fait dans la nuit éternelle
955 Tomber l'effort de votre bras[2] ?
En pourrait-on vouloir un plus sûr témoignage ?

AMPHITRYON

Quoi ! je vous ai déjà donné
Le nœud de diamants que j'eus pour mon partage,
Et que je vous ai destiné ?

ALCMÈNE

960 Assurément. Il n'est pas difficile
De vous en bien convaincre.

AMPHITRYON
Et comment ?

ALCMÈNE, *montrant à sa ceinture le nœud de diamants.*
Le voici.

AMPHITRYON

Sosie !

SOSIE, *tirant de sa poche un coffret.*

Elle se moque, et je le tiens ici ;
Monsieur, la feinte est inutile.

AMPHITRYON, *regardant le coffret.*

Le cachet est entier.

ALCMÈNE, *présentant à Amphitryon le nœud de diamants.*
Est-ce une vision ?

965 Tenez. Trouverez-vous cette preuve assez forte ?

AMPHITRYON

Ah Ciel ! ô juste Ciel !

ALCMÈNE
Allez, Amphitryon,

---

1. **Que de vous :** sinon de vous.
2. **Qu'a fait [...] tomber l'effort de votre bras :** (Ptérélas) que vous avez tué au combat.

Vous vous moquez d'en user de la sorte[1],
Et vous en devriez avoir confusion[2].

AMPHITRYON

Romps vite ce cachet.

SOSIE, *ayant ouvert le coffret.*
Ma foi, la place est vide.

970 Il faut que par magie on ait su le tirer,
Ou bien que de lui-même il soit venu sans guide,
Vers celle qu'il a su qu'on en voulait parer.

AMPHITRYON, *à part.*

Ô dieux, dont le pouvoir sur les choses préside,
Quelle est cette aventure ? et qu'en puis-je augurer
975 Dont mon amour ne s'intimide ![3]

SOSIE, *à Amphitryon.*

Si sa bouche dit vrai, nous avons même sort,
Et de même que moi, Monsieur, vous êtes double.

AMPHITRYON

Tais-toi.

ALCMÈNE

Sur quoi[4] vous étonner si fort ?
Et d'où peut naître ce grand trouble ?

AMPHITRYON, *à part.*

980 Ô Ciel ! quel étrange embarras !
Je vois des incidents qui passent la nature[5] ;
Et mon honneur redoute une aventure
Que mon esprit ne comprend pas.

ALCMÈNE

Songez-vous, en tenant cette preuve sensible,
985 À me nier encor votre retour pressé[6] ?

---

1. **D'en user de la sorte :** de vous conduire ainsi.
2. **Avoir confusion :** avoir honte.
3. **Qu'en puis-je augurer dont mon amour ne s'intimide ! :** que puis-je prévoir qui ne fasse pas peur à mon amour ?
4. **Sur quoi :** de quoi.
5. **Des incidents qui passent la nature :** des événements incompréhensibles.
6. **Pressé :** récent.

AMPHITRYON

Non ; mais à ce retour, daignez, s'il est possible,
Me conter ce qui s'est passé.

ALCMÈNE

Puisque vous demandez un récit de la chose.
Vous voulez dire donc que ce n'était pas vous ?

AMPHITRYON

990 Pardonnez-moi ; mais j'ai certaine cause[1]
Qui me fait demander ce récit entre nous.

ALCMÈNE

Les soucis importants qui vous peuvent saisir,
Vous ont-ils fait si vite en perdre la mémoire ?

AMPHITRYON

Peut-être ; mais enfin vous me ferez plaisir
995 De m'en dire toute l'histoire.

ALCMÈNE

L'histoire n'est pas longue. À vous je m'avançai,
Pleine d'une aimable[2] surprise ;
Tendrement je vous embrassai,
Et témoignai ma joie à plus d'une reprise.

AMPHITRYON, *en soi-même.*

1000 Ah ! d'un si doux accueil je me serais passé.

ALCMÈNE

Vous me fîtes d'abord ce présent d'importance,
Que du butin conquis vous m'aviez destiné.
Votre cœur, avec véhémence,
M'étala de ses feux toute la violence,
1005 Et les soins[3] importuns qui l'avaient enchaîné,
L'aise[4] de me revoir, les tourments de l'absence,
Tout le souci que son impatience,
Pour le retour s'était donné ;

---

1. **Cause :** raison.
2. **Aimable :** agréable.
3. **Soins :** devoirs.
4. **L'aise :** la joie.

Et jamais votre amour, en pareille occurrence[1],
1010 Ne me parut si tendre et si passionné.

AMPHITRYON, *en soi-même.*
Peut-on plus vivement se voir assassiné ?

ALCMÈNE
Tous ces transports, toute cette tendresse,
Comme vous croyez bien, ne me déplaisaient pas ;
Et s'il faut que je le confesse,
1015 Mon cœur, Amphitryon, y trouvait mille appas[2].

AMPHITRYON
Ensuite, s'il vous plaît.

ALCMÈNE
                                    Nous nous entrecoupâmes[3]
De mille questions qui pouvaient nous toucher[4].
On servit. Tête à tête ensemble nous soupâmes ;
Et le souper fini, nous nous fûmes coucher.

AMPHITRYON
Ensemble ?

ALCMÈNE
1020   Assurément. Quelle est cette demande ?

AMPHITRYON, *à part.*
Ah ! c'est ici le coup le plus cruel de tous.
Et dont à s'assurer tremblait mon feu[5] jaloux.

ALCMÈNE
D'où vous vient à ce mot une rougeur si grande ?
Ai-je fait quelque mal de coucher avec vous ?

AMPHITRYON
1025 Non, ce n'était pas moi, pour ma douleur sensible[6] :
Et qui dit qu'hier ici mes pas se sont portés,

---

1. **Occurrence :** circonstance.
2. **Appas :** charmes.
3. **Nous nous entrecoupâmes :** nous nous interrompîmes.
4. **Nous toucher :** nous intéresser.
5. **Mon feu :** mon amour.
6. **Pour ma douleur sensible :** à ma grande douleur.

Dit, de toutes les faussetés,
La fausseté la plus horrible.

ALCMÈNE

Amphitryon !

AMPHITRYON

Perfide[1] !

ALCMÈNE

Ah ! quel emportement !

AMPHITRYON

1030 Non, non, plus de douceur, et plus de déférence[2].
Ce revers[3] vient à bout de toute ma constance[4],
Et mon cœur ne respire[5], en ce fatal moment,
Et que fureur et que vengeance.

ALCMÈNE

De qui donc vous venger ? et quel manque de foi[6]
1035 Vous fait ici me traiter de coupable ?

AMPHITRYON

Je ne sais pas : mais ce n'était pas moi ;
Et c'est un désespoir qui de tout rend capable.

ALCMÈNE

Allez, indigne époux, le fait parle de soi,
Et l'imposture[7] est effroyable.
1040 C'est trop me pousser[8] là-dessus ;
Et d'infidélité me voir trop condamnée.
Si vous cherchez, dans ces transports confus,
Un prétexte à briser les nœuds d'un hyménée[9]
Qui me tient à vous enchaînée,

---

1. **Perfide :** traîtresse.
2. **Plus de déférence :** finie la politesse.
3. **Ce revers :** ce malheur.
4. **Constance :** patience.
5. **Respire :** souhaite.
6. **Foi :** confiance.
7. **L'imposture :** le mensonge.
8. **Me pousser :** me pousser à bout.
9. **Les nœuds d'un hyménée :** les liens d'un mariage.

1045 Tous ces détours sont superflus ;
Et me voilà déterminée
À souffrir[1] qu'en ce jour nos liens soient rompus.

AMPHITRYON

Après l'indigne affront que l'on me fait connaître,
C'est bien à quoi, sans doute, il faut vous préparer :
1050 C'est le moins qu'on doit voir[2], et les choses, peut-être,
Pourront n'en pas là demeurer[3].
Le déshonneur est sûr, mon malheur m'est visible,
Et mon amour en vain voudrait me l'obscurcir ;
Mais le détail encor ne m'en est pas sensible[4],
1055 Et mon juste courroux prétend s'en éclaircir.
Votre frère déjà peut hautement répondre
Que jusqu'à ce matin, je ne l'ai point quitté :
Je m'en vais le chercher, afin de vous confondre[5]
Sur ce retour qui m'est faussement imputé[6].
1060 Après, nous percerons jusqu'au fond d'un mystère
Jusques à présent inouï[7] ;
Et dans les mouvements d'une juste colère,
Malheur à qui m'aura trahi !

SOSIE

Monsieur...

AMPHITRYON

Ne m'accompagne pas,
1065 Et demeure[8] ici pour m'attendre.

CLÉANTHIS

Faut-il... ?

---

1. **À souffrir :** à accepter.
2. **C'est le moins qu'on doit voir :** c'est bien le minimum.
3. **N'en pas là demeurer :** ne pas en rester là.
4. **Sensible :** clair.
5. **Vous confondre :** vous démentir.
6. **Imputé :** attribué.
7. **Inouï :** jamais vu.
8. **Demeure :** reste.

ALCMÈNE
Je ne puis rien entendre :
Laisse-moi seule et ne suis point mes pas.

Scène 3 CLÉANTHIS, SOSIE.

CLÉANTHIS, *à part.*
Il faut que quelque chose ait brouillé sa cervelle ;
Mais le frère sur-le-champ
1070 Finira cette querelle.

SOSIE, *à part.*
C'est ici, pour mon maître, un coup assez touchant[1] ;
Et son aventure est cruelle.
Je crains fort, pour mon fait[2], quelque chose approchant,
Et je m'en veux tout doux[3] éclaircir avec elle.

CLÉANTHIS, *à part.*
1075 Voyez s'il me viendra seulement aborder !
Mais je veux m'empêcher de rien faire paraître.

SOSIE, *à part.*
La chose quelquefois est fâcheuse à connaître,
Et je tremble à la demander.
Ne vaudrait-il point mieux, pour ne rien hasarder,
1080 Ignorer ce qu'il en peut être ?
Allons, tout coup vaille[4], il faut voir,
Et je ne m'en saurais défendre[5].

---

1. **Touchant :** douloureux.
2. **Pour mon fait :** pour moi.
3. **Tout doux :** discrètement.
4. **Tout coup vaille :** advienne que pourra.
5. **Je ne m'en saurais défendre :** je ne peux pas m'en empêcher.

La faiblesse humaine est d'avoir
Des curiosités d'apprendre
1085 Ce qu'on ne voudrait pas savoir.
Dieu te gard', Cléanthis !

CLÉANTHIS

Ah ! ah ! tu t'en avises[1],
Traître, de t'approcher de nous !

SOSIE

Mon Dieu ! qu'as-tu ? toujours on te voit en courroux,
Et sur rien tu te formalises[2].

CLÉANTHIS

1090 Qu'appelles-tu sur rien, dis ?

SOSIE

J'appelle sur rien
Ce qui sur rien s'appelle en vers ainsi qu'en prose ;
Et rien, comme tu le sais bien,
Veut dire rien, ou peu de chose.

CLÉANTHIS

Je ne sais qui me tient[3], infâme,
1095 Que je ne t'arrache les yeux,
Et ne t'apprenne où va le courroux d'une femme !

SOSIE

Holà ! D'où te vient donc ce transport furieux ?

CLÉANTHIS

Tu n'appelles donc rien le procédé, peut-être,
Qu'avec moi ton cœur a tenu ?

SOSIE

1100 Et quel ?

CLÉANTHIS

Quoi ! tu fais l'ingénu !
Est-ce qu'à l'exemple du maître,
Tu veux dire qu'ici tu n'es pas revenu ?

---

1. **Tu t'en avises :** tu as l'audace.
2. **Sur rien tu te formalises :** tu te vexes pour un rien.
3. **Qui me tient :** ce qui me retient.

SOSIE

Non, je sais fort bien le contraire ;
Mais je ne t'en fais pas le fin[1] :
1105 Nous avions bu de je ne sais quel vin,
Qui m'a fait oublier tout ce que j'ai pu faire.

CLÉANTHIS

Tu crois peut-être excuser par ce trait[2]...

SOSIE

Non, tout de bon, tu m'en peux croire.
J'étais dans un état où je puis avoir fait
1110 Des choses dont j'aurais regret,
Et dont je n'ai nulle mémoire.

CLÉANTHIS

Tu ne te souviens point du tout de la manière,
Dont tu m'as su traiter, étant venu du port ?

SOSIE

Non plus que rien[3]. Tu peux m'en faire le rapport :
1115 Je suis équitable, et sincère ;
Et me condamnerai moi-même, si j'ai tort.

CLÉANTHIS

Comment ! Amphitryon m'ayant su disposer[4],
Jusqu'à ce que tu vins j'avais poussé ma veille[5] ;
Mais je ne vis jamais une froideur pareille :
1120 De ta femme il fallut moi-même t'aviser[6] ;
Et lorsque je fus te baiser[7],
Tu détournas le nez, et me donnas l'oreille !

SOSIE

Bon !

---

1. **Je ne t'en fais pas le fin :** je ne te le cache pas.
2. **Ce trait :** cette ruse.
3. **Non plus que rien :** pas du tout.
4. **M'ayant su disposer :** m'ayant préparée (à ton retour).
5. **J'avais poussé ma veille :** j'étais restée éveillée.
6. **De ta femme il fallut moi-même t'aviser :** j'ai dû moi-même te rappeler que tu avais une femme.
7. **Je fus te baiser :** j'allai t'embrasser.

CLÉANTHIS

Comment, bon ?

SOSIE

             Mon Dieu ! tu ne sais pas pourquoi,
Cléanthis, je tiens ce langage.
1125 J'avais mangé de l'ail, et fis en homme sage
De détourner un peu mon haleine de toi.

CLÉANTHIS

Je te sus exprimer des tendresses de cœur ;
Mais à tous mes discours tu fus comme une souche ;
Et jamais un mot de douceur
1130 Ne te put sortir de la bouche.

SOSIE

Courage !

CLÉANTHIS

       Enfin ma flamme eut beau s'émanciper[1],
Sa chaste ardeur en toi ne trouva rien que glace ;
Et dans un tel retour je te vis la tromper[2],
Jusqu'à faire refus de prendre au lit la place
1135 Que les lois de l'hymen t'obligent d'occuper.

SOSIE

Quoi ! je ne couchai point...

CLÉANTHIS

        Non, lâche.

SOSIE

                Est-il possible !

CLÉANTHIS

Traître, il n'est que trop assuré.
C'est de tous les affronts l'affront le plus sensible ;
Et loin que[3] ce matin ton cœur l'ait réparé ;
1140 Tu t'es d'avec moi séparé
Par des discours chargés d'un mépris tout visible.

---

1. **S'émanciper :** se montrer librement.
2. **La tromper** : décevoir cette ardeur.
3. **Loin que :** loin de.

SOSIE, *à part.*

Vivat[1], Sosie !

CLÉANTHIS

Hé quoi ! ma plainte a cet effet ?
Tu ris après ce bel ouvrage ?

SOSIE

Que je suis de moi satisfait !

CLÉANTHIS

1145 Exprime-t-on ainsi le regret d'un outrage ?

SOSIE

Je n'aurais jamais cru que j'eusse été si sage.

CLÉANTHIS

Loin de te condamner d'un si perfide trait[2],
Tu m'en fais éclater la joie en ton visage !

SOSIE

Mon Dieu ! tout doucement. Si je parais joyeux,
1150 Crois que j'en ai dans l'âme une raison très forte,
Et que, sans y penser, je ne fis jamais mieux
Que d'en user tantôt avec toi de la sorte.

CLÉANTHIS

Traître, te moques-tu de moi ?

SOSIE

Non, je te parle avec franchise.
1155 En l'état où j'étais, j'avais certain effroi,
Dont avec ton discours mon âme s'est remise.
Je m'appréhendais fort[3], et craignais qu'avec toi
Je n'eusse fait quelque sottise.

CLÉANTHIS

Quelle est cette frayeur ? et sachons donc pourquoi ?

---

1. **Vivat :** bravo.
2. **D'un si perfide trait :** d'une moquerie si lâche.
3. **Je m'appréhendais fort :** j'avais très peur de moi.

SOSIE

1160 Les médecins disent, quand on est ivre,
Que de sa femme on se doit abstenir,
Et que dans cet état il ne peut provenir,
Que des enfants pesants et qui ne sauraient vivre.
Vois, si mon cœur n'eût su de froideur se munir,
1165 Quels inconvénients auraient pu s'en ensuivre !

CLÉANTHIS

Je me moque des médecins,
Avec leurs raisonnements fades[1].
Qu'ils règlent ceux qui sont malades
Sans vouloir gouverner les gens[2] qui sont bien sains.
1170 Ils se mêlent de trop d'affaires,
De prétendre tenir nos chastes feux gênés[3]
Et sur les jours caniculaires
Ils nous donnent encore, avec leurs lois sévères,
De cent sots contes par le nez[4].

SOSIE

1175 Tout doux !

CLÉANTHIS

Non : je soutiens que cela conclut mal[5] :
Ces raisons sont raisons d'extravagantes têtes.
Il n'est ni vin ni temps qui puisse être fatal
À remplir le devoir de l'amour conjugal ;
Et les médecins sont des bêtes.

SOSIE

1180 Contre eux, je t'en supplie, apaise ton courroux :
Ce sont d'honnêtes gens, quoi que le monde en dise.

---

1. **Fades :** sots.
2. **Gouverner les gens :** diriger la conduite des gens.
3. **De prétendre tenir nos chastes feux gênés :** en voulant retenir nos honnêtes désirs.
4. **Ils nous donnent [...] de cent sots contes par le nez :** ils nous rebattent les oreilles.
5. **Cela conclut mal :** cela n'est pas convaincant.

CLÉANTHIS

Tu n'es pas où tu crois[1] ; en vain tu files doux.
Ton excuse n'est point une excuse de mise[2] ;
Et je me veux venger tôt ou tard, entre nous,
1185   De l'air dont chaque jour je vois qu'on me méprise.
Des discours de tantôt je garde tous les coups,
Et tâcherai d'user, lâche et perfide époux,
De cette liberté que ton cœur m'a permise.

SOSIE

Quoi ?

CLÉANTHIS

   Tu m'as dit tantôt que tu consentais fort,
1190   Lâche, que j'en aimasse un autre.

SOSIE

Ah ! pour cet article[3], j'ai tort.
Je m'en dédis, il y va trop du nôtre[4] :
Garde-toi bien de suivre ce transport[5].

CLÉANTHIS

Si je puis une fois pourtant,
1195   Sur mon esprit gagner la chose[6]...

SOSIE

Fais à ce discours quelque pause :
Amphitryon revient, qui me paraît content.

---

1. **Tu n'es pas où tu crois :** tu n'as pas gagné la partie.
2. **De mise :** valable.
3. **Pour cet article :** sur ce point.
4. **Il y va trop du nôtre :** c'est trop risqué pour nous.
5. **Ce transport :** cet élan.
6. **Sur mon esprit gagner la chose :** me décider à être infidèle.

Clefs d'analyse

Action et personnages

1. Que s'apprête à faire Alcmène, au début de la scène 2 ?

2. Quelles explications Amphitryon trouve-t-il aux étranges propos d'Alcmène ? À quel moment soupçonne-t-il qu'il a été trompé ?

3. À quels témoins ou à quelles preuves ont recours Alcmène dans les vers 946 à 965 et Amphitryon à la fin de la scène 2 ?

4. Quelle décision Amphitryon et Alcmène sont-ils prêts à prendre à la fin de la scène 2 ? Quel état d'esprit leur dernière réplique traduit-elle ? Comparez avec l'attitude de Cléanthis (vers 1182-1188).

5. Que redoute Sosie au début de la scène 3 ?

6. Quelles raisons Sosie donne-t-il à Cléanthis pour justifier sa froideur ?

7. Dans les deux scènes, comparez la façon dont Amphitryon puis Sosie demandent à leurs épouses un récit de ce qui s'est passé. Les récits d'Alcmène et de Cléanthis ont-ils le même effet sur les deux hommes ?

8. Dans chacune des deux scènes, qui est l'offenseur et qui est l'offensé ? De quoi les différents personnages sont-ils accusés ?

Langue

9. Observez la longueur des répliques d'Amphitryon : à quel moment de la scène sont-elles plus courtes et pourquoi ? Montrez les différences entre sa première réplique et la réponse d'Alcmène, vers 851 à 857 (longueur des répliques, types de phrases, registre de langue).

10. Quels pronoms reprennent le groupe nominal « un nœud de diamants » dans la réplique de Sosie (vers 969 à 972) ?

11. Dans les deux scènes, relevez les indices temporels et les temps des verbes se rapportant aux événements de l'acte I.

Genre ou thèmes

12. Quel est la fonction des apartés dans les deux scènes ? Quelles didascalies les signalent ?

13. D'après les répliques de Sosie, dites quel est le rôle de ce personnage dans la scène 2.

14. Dans la scène 3, le thème de la médecine est-il bien relié à l'intrigue de la pièce ? Citez d'autres œuvres de Molière où ce thème intervient.

Écriture

15. Récapitulez les répliques d'Amphitryon et d'Alcmène qui peuvent être mises en parallèle. Pour chacun de ces groupes, identifiez les éléments répétés et les synonymes, puis rédigez une troisième réplique sur le même modèle.

16. Rédigez la réponse qu'Amphitryon attendait de la part d'Alcmène au début de la scène 2.

17. En vous inspirant des vers 1088 à 1093, rédigez un court dialogue contenant l'explication absurde d'un autre adverbe (« beaucoup » ou « jamais », par exemple).

Pour aller plus loin

18. Quelles figures de style reconnaissez-vous dans les trois premières répliques d'Amphitryon ?

19. Lisez l'interrogatoire d'Agnès par Arnolphe dans *L'École des femmes* (acte II, scène 5). Quels points communs et quelles différences voyez-vous avec la scène 2 étudiée ci-dessus ?

20. Qu'appelle-t-on au théâtre une scène de dépit amoureux ? En quoi les scènes 2 et 3 correspondent-elles à cette définition ? Cherchez-en d'autres exemples, dans la littérature ou le cinéma.

✳ À retenir

Les maris humains retrouvent enfin leurs épouses dans une série de malentendus provoqués par la ruse des dieux.
Plus comique et trivial chez les serviteurs, le dialogue tourne au drame conjugal chez les maîtres, avec mari trompé et divorce en vue ! C'est ce qu'on appelle le nœud de l'intrigue... comment tout cela va-t-il bien pouvoir s'arranger ?

Clefs d'analyse

Scène 4   Jupiter, Cléanthis, Sosie.

Jupiter, *à part.*

Je viens prendre le temps de rapaiser[1] Alcmène,
De bannir les chagrins[2] que son cœur veut garder,
1200   Et donner à mes feux[3], dans ce soin qui m'amène,
Le doux plaisir de se raccommoder.
(À Cléanthis.)
Alcmène est là-haut, n'est-ce pas ?

Cléanthis

Oui, pleine d'une inquiétude
Qui cherche de la solitude,
1205   Et qui m'a défendu d'accompagner ses pas.

Jupiter

Quelque défense qu'elle a faite,
Elle ne sera pas pour moi.

Cléanthis

Son chagrin[4], à ce que je voi,
A fait une prompte retraite.

Scène 5   Cléanthis, Sosie.

Sosie

1210   Que dis-tu, Cléanthis, de ce joyeux maintien[5],
Après son fracas[6] effroyable ?

---

1. **Rapaiser :** calmer.
2. **Les chagrins :** la colère.
3. **Mes feux :** mon amour.
4. **Son chagrin :** la colère d'Amphitryon.
5. **Ce joyeux maintien :** cette joyeuse attitude.
6. **Fracas :** esclandre.

CLÉANTHIS

Que si toutes nous faisions bien,
Nous donnerions tous les hommes au diable.
Et que le meilleur n'en vaut rien.

SOSIE

1215 Cela se dit dans le courroux ;
Mais aux hommes par trop vous êtes accrochées ;
Et vous seriez, ma foi, toutes bien empêchées[1],
Si le diable les prenait tous.

CLÉANTHIS

Vraiment...

SOSIE

Les voici. Taisons-nous.

Scène 6 JUPITER, ALCMÈNE, CLÉANTHIS, SOSIE.

JUPITER

1220 Voulez-vous me désespérer ?
Hélas ! arrêtez, belle Alcmène.

ALCMÈNE

Non, avec l'auteur de ma peine,
Je ne puis du tout demeurer.

JUPITER

De grâce...

ALCMÈNE

Laissez-moi.

JUPITER

Quoi... ?

---

1. **Bien empêchées :** bien ennuyées.

ALCMÈNE

Laissez-moi, vous dis-je.

JUPITER, *bas, à part.*

1225 Ses pleurs touchent mon âme, et sa douleur m'afflige.
(Haut.)
Souffrez¹ que mon cœur...

ALCMÈNE

Non, ne suivez point mes pas.

JUPITER

Où voulez-vous aller ?

ALCMÈNE

Où vous ne serez pas.

JUPITER

Ce vous est une attente vaine².
Je tiens à vos beautés par un nœud³ trop serré,
1230 Pour pouvoir un moment en être séparé ;
Je vous suivrai partout, Alcmène.

ALCMÈNE

Et moi, partout je vous fuirai.

JUPITER

Je suis donc bien épouvantable ?

ALCMÈNE

Plus qu'on ne peut dire, à mes yeux.
1235 Oui, je vous vois, comme un monstre effroyable,
Un monstre cruel, furieux⁴,
Et dont l'approche est redoutable,
Comme un monstre à fuir en tous lieux.
Mon cœur souffre, à vous voir, une peine incroyable ;
1240 C'est un supplice qui m'accable ;
Et je ne vois rien sous les cieux

---

1. **Souffrez :** permettez.

2. **Ce vous est une attente vaine :** vous ne pourrez jamais obtenir cela.

3. **Un nœud :** un lien.

4. **Furieux :** enragé.

D'affreux, d'horrible, d'odieux,
Qui ne me fût plus que vous supportable.

JUPITER

En voilà bien[1], hélas ! que votre bouche dit !

ALCMÈNE

1245 J'en ai dans le cœur davantage ;
Et pour s'exprimer tout[2], ce cœur a du dépit
De ne point trouver de langage[3].

JUPITER

Hé ! que vous a donc fait ma flamme,
Pour me pouvoir, Alcmène, en monstre regarder ?

ALCMÈNE

1250 Ah ! juste Ciel ! cela peut-il se demander ?
Et n'est-ce pas pour mettre à bout une âme ?[4]

JUPITER

Ah ! d'un esprit plus adouci...

ALCMÈNE

Non, je ne veux, du tout vous voir, ni vous entendre.

JUPITER

Avez-vous bien le cœur[5] de me traiter ainsi ?
1255 Est-ce là cet amour si tendre,
Qui devait tant durer, quand je vins hier ici ?

ALCMÈNE

Non, non, ce ne l'est pas ; et vos lâches injures
En ont autrement ordonné.
Il n'est plus, cet amour tendre, et passionné ;
1260 Vous l'avez dans mon cœur, par cent vives blessures,
Cruellement assassiné.
C'est en sa place un courroux inflexible,

---

1. **En voilà bien :** voilà bien des choses.
2. **Tout :** complètement.
3. **A du dépit de ne point trouver de langage :** enrage de ne pas trouver les mots.
4. **N'est-ce pas pour mettre à bout une âme ? :** n'y a-t-il pas de quoi pousser quelqu'un à bout ?
5. **Le cœur :** le courage.

Un vif ressentiment, un dépit invincible.
Un désespoir d'un cœur justement animé[1],
1265 Qui prétend[2] vous haïr, pour cet affront sensible[3],
Autant qu'il est d'accord de[4] vous avoir aimé :
Et c'est haïr autant qu'il est possible.

JUPITER

Hélas ! que votre amour n'avait guère de force,
Si de si peu de chose on le peut voir mourir !
1270 Ce qui n'était que jeu doit-il faire un divorce[5] ?
Et d'une raillerie a-t-on lieu de s'aigrir ?

ALCMÈNE

Ah ! c'est cela dont je suis offensée,
Et que ne peut pardonner mon courroux.
Des véritables traits[6] d'un mouvement jaloux
1275 Je me trouverais moins blessée.
La jalousie a des impressions[7],
Dont bien souvent la force nous entraîne ;
Et l'âme la plus sage, en ces occasions,
Sans doute avec assez de peine
1280 Répond de[8] ses émotions.
L'emportement d'un cœur qui peut s'être abusé[9]
A de quoi ramener une âme qu'il offense ;
Et dans l'amour qui lui donne naissance
Il trouve au moins, malgré toute sa violence,
1285 Des raisons pour être excusé.
De semblables transports[10] contre un ressentiment[11]

---

1. **Animé :** irrité.
2. **Qui prétend :** qui a l'intention de.
3. **Cet affront sensible :** cette douloureuse offense.
4. **Autant qu'il est d'accord de :** autant qu'il reconnaît.
5. **Un divorce :** une dispute.
6. **Traits :** coups.
7. **Des impressions :** des effets.
8. **Répond de :** contrôle.
9. **S'être abusé :** s'être trompé.
10. **Transports :** emportements.
11. **Ressentiment :** rancune.

Pour défense toujours ont ce qui les fait naître ;
Et l'on donne grâce[1] aisément
À ce dont on n'est pas le maître.
1290 Mais que, de gaieté de cœur,
On passe aux mouvements[2] d'une fureur extrême ;
Que sans cause l'on vienne, avec tant de rigueur,
Blesser la tendresse et l'honneur
D'un cœur, qui chèrement nous aime,
1295 Ah ! c'est un coup trop cruel en lui-même,
Et que jamais n'oubliera ma douleur.

JUPITER

Oui, vous avez raison, Alcmène, il se faut rendre.
Cette action, sans doute, est un crime odieux.
Je ne prétends plus le défendre ;
1300 Mais souffrez que mon cœur s'en défende à vos yeux,
Et donne au vôtre à qui se prendre[3]
De ce transport injurieux.
À vous en faire un aveu véritable,
L'époux, Alcmène, a commis tout le mal.
1305 C'est l'époux qu'il vous faut regarder en coupable.
L'amant n'a point de part à ce transport brutal,
Et de vous offenser son cœur n'est point capable.
Il a pour vous, ce cœur, pour jamais y penser[4],
Trop de respect et de tendresse ;
1310 Et si de faire rien à vous pouvoir blesser[5],
Il[6] avait eu la coupable faiblesse,
De cent coups à vos yeux il voudrait le[7] percer.
Mais l'époux est sorti de ce respect soumis
Où pour vous on doit toujours être.

---

1. **On donne grâce :** on pardonne.
2. **On passe aux mouvements :** on en vienne aux mouvements.
3. **Et donne au vôtre à qui se prendre :** et donne à votre cœur quelqu'un à qui s'en prendre.
4. **Pour jamais y penser :** pour jamais penser à vous offenser.
5. **Rien à vous pouvoir blesser :** quelque chose qui puisse vous blesser.
6. **Il :** l'amant.
7. **Le :** le cœur.

1315 À son dur procédé, l'époux s'est fait connaître,
Et par le droit d'hymen[1] il s'est cru tout permis.
Oui, c'est lui qui sans doute est criminel vers vous[2].
Lui seul a maltraité votre aimable personne :
Haïssez, détestez l'époux,
1320 J'y consens, et vous l'abandonne.
Mais, Alcmène, sauvez l'amant de ce courroux
Qu'une telle offense vous donne.
N'en jetez pas sur lui l'effet,
Démêlez-le[3] un peu du coupable ;
1325 Et pour être enfin équitable,
Ne le punissez point de ce qu'il n'a pas fait.

ALCMÈNE

Ah ! toutes ces subtilités
N'ont que des excuses frivoles ;
Et pour les esprits irrités
1330 Ce sont des contre-temps[4] que de telles paroles.
Ce détour ridicule est en vain pris par vous :
Je ne distingue rien en celui[5] qui m'offense,
Tout y devient l'objet de mon courroux,
Et dans sa juste violence
1335 Sont confondus et l'amant et l'époux.
Tous deux de même sorte occupent ma pensée,
Et des mêmes couleurs, par mon âme blessée,
Tous deux ils sont peints à mes yeux :
Tous deux sont criminels, tous deux m'ont offensée ;
1340 Et tous deux me sont odieux.

JUPITER

Hé bien ! puisque vous le voulez,
Il faut donc me charger du crime.

---

1. **D'hymen :** du mariage.
2. **Vers vous :** envers vous.
3. **Démêlez-le :** séparez-le.
4. **Des contre-temps :** des paroles mal choisies.
5. **Je ne distingue rien en celui :** je ne fais pas de distinction chez celui.

Oui, vous avez raison, lorsque vous m'immolez[1]
À vos ressentiments en coupable victime.
1345 Un trop juste dépit contre moi vous anime,
Et tout ce grand courroux qu'ici vous étalez
Ne me fait endurer qu'un tourment légitime ;
C'est avec droit que mon abord[2] vous chasse,
Et que de me fuir en tous lieux,
1350 Votre colère me menace :
Je dois vous être un objet odieux,
Vous devez me vouloir un mal prodigieux. ;
Il n'est aucune horreur que mon forfait ne passe[3],
D'avoir offensé vos beaux yeux[4].
1355 C'est un crime à blesser les hommes et les dieux,
Et je mérite enfin, pour punir cette audace,
Que contre moi votre haine ramasse[5]
Tous ses traits les plus furieux.
Mais mon cœur vous demande grâce.
1360 Pour vous la demander je me jette à genoux,
Et la demande au nom de la plus vive flamme,
Du plus tendre amour dont une âme
Puisse jamais brûler pour vous.
Si votre cœur, charmante Alcmène,
1365 Me refuse la grâce où j'ose recourir[6] ;
Il faut qu'une atteinte[7] soudaine
M'arrache, en me faisant mourir,
Aux dures rigueurs d'une peine
Que je ne saurais plus souffrir.
1370 Oui, cet état me désespère :

---

1. **Vous m'immolez :** vous me sacrifiez.
2. **Mon abord :** mon arrivée.
3. **Ne passe :** ne dépasse.
4. **Il n'est aucune horreur [...] vos beaux yeux :** il n'est aucune horreur que mon forfait d'avoir offensé vos beaux yeux ne dépasse.
5. **Ramasse :** rassemble.
6. **Où j'ose recourir :** que j'ose demander.
7. **Une atteinte :** un coup.

Alcmène, ne présumez pas[1],
Qu'aimant comme je fais vos célestes appas[2],
Je puisse vivre un jour avec votre colère.
Déjà de ces moments la barbare longueur
1375 Fait sous des atteintes mortelles
Succomber tout mon triste cœur ;
Et de mille vautours les blessures cruelles
N'ont rien de comparable à ma vive douleur.
Alcmène, vous n'avez qu'à me le déclarer :
1380 S'il n'est point de pardon que je doive espérer,
Cette épée aussitôt, par un coup favorable,
Va percer à vos yeux le cœur d'un misérable,
Ce cœur, ce traître cœur, trop digne d'expirer,
Puisqu'il a pu fâcher un objet[3] adorable.
1385 Heureux, en descendant au ténébreux séjour[4],
Si de votre courroux mon trépas vous ramène[5] ;
Et ne laisse en votre âme, après ce triste jour,
Aucune impression[6] de haine
Au souvenir de mon amour !
1390 C'est tout ce que j'attends, pour faveur souveraine[7].

ALCMÈNE
Ah ! trop cruel époux !

JUPITER
Dites, parlez, Alcmène.

ALCMÈNE
Faut-il encor pour vous conserver des bontés,
Et vous voir m'outrager par tant d'indignités ?

---

1. **Ne présumez pas :** ne pensez pas.
2. **Appas :** charmes.
3. **Un objet :** une personne.
4. **Au ténébreux séjour :** dans le monde des morts.
5. **Si de votre courroux mon trépas vous ramène :** si ma mort vous fait renoncer à votre colère.
6. **Impression :** trace.
7. **Pour faveur souveraine :** comme faveur suprême.

JUPITER

Quelque ressentiment[1] qu'un outrage nous cause,

1395 Tient-il contre un remords d'un cœur bien enflammé ?

ALCMÈNE

Un cœur bien plein de flamme à mille morts s'expose,
Plutôt que de vouloir fâcher l'objet aimé[2].

JUPITER

Plus on aime quelqu'un, moins on trouve de peine...

ALCMÈNE

Non, ne m'en parlez point : vous méritez ma haine.

JUPITER

1400 Vous me haïssez donc ?

ALCMÈNE

J'y fais tout mon effort ;
Et j'ai dépit de voir que toute votre offense
Ne puisse de mon cœur jusqu'à cette vengeance
Faire encore aller le transport[3].

JUPITER

Mais pourquoi cette violence,

1405 Puisque pour vous venger je vous offre ma mort ?
Prononcez-en l'arrêt, et j'obéis sur l'heure.

ALCMÈNE

Qui ne saurait haïr peut-il vouloir qu'on meure ?

JUPITER

Et moi, je ne puis vivre, à moins que vous quittiez
Cette colère qui m'accable,

1410 Et que vous m'accordiez le pardon favorable
Que je vous demande à vos pieds.
(Sosie et Cléanthis se mettent aussi à genoux.)
Résolvez[4] ici l'un des deux :
Ou de punir, ou bien d'absoudre.

---

1. **Ressentiment :** rancune.
2. **L'objet aimé :** la personne aimée.
3. **Le transport :** l'élan.
4. **Résolvez :** décidez.

ALCMÈNE

Hélas ! ce que je puis résoudre
1415 Paraît bien plus que je ne veux !
Pour vouloir soutenir le courroux qu'on me donne,
Mon cœur a trop su me trahir :
Dire qu'on ne saurait haïr,
N'est-ce pas dire qu'on pardonne ?

JUPITER

1420 Ah ! belle Alcmène, il faut que, comblé d'allégresse...

ALCMÈNE

Laissez : je me veux mal[1] de mon trop de faiblesse.

JUPITER

Va, Sosie, et dépêche-toi,
Voir, dans les doux transports dont mon âme est charmée,
Ce que tu trouveras d'officiers de l'armée,
1425 Et les invite à dîner[2] avec moi.
(Bas, à part.)
Tandis que d'ici je le chasse,
Mercure y remplira sa place.

Scène 7 CLÉANTHIS, SOSIE.

SOSIE

Hé bien ! tu vois, Cléanthis, ce ménage[3].
Veux-tu qu'à leur exemple ici
1430 Nous fassions entre nous un peu de paix aussi ?
Quelque petit rapatriage[4] ?

---

1. **Je me veux mal :** je m'en veux.
2. **Dîner :** déjeuner.
3. **Ce ménage :** cette bonne entente.
4. **Quelque petit rapatriage :** une petite réconciliation.

CLÉANTHIS

C'est pour ton nez[1], vraiment ! Cela se fait ainsi.

SOSIE

Quoi ? tu ne veux pas ?

CLÉANTHIS

Non.

SOSIE

Il ne m'importe guère :

Tant pis pour toi.

CLÉANTHIS

Là, là, revien.

SOSIE

1435   Non, morbleu ! je n'en ferai rien,
Et je veux être, à mon tour, en colère.

CLÉANTHIS

Va, va, traître, laisse-moi faire :
On se lasse, parfois, d'être femme de bien[2].

---

1. **C'est pour ton nez :** ce n'est pas pour toi.
2. **Femme de bien :** honnête femme.

Clefs d'analyse

Action et personnages

1. Dans quelle intention Jupiter revient-il, à la scène 4 ? En vous aidant du vers 1225, vous direz quelles vous semblent être ses motivations.

2. De quoi s'étonnent Cléanthis et Sosie dans les scènes 4 et 5 ? Quel est l'intérêt de ces remarques pour le spectateur ?

3. Quels sont les trois arguments successifs de Jupiter, des vers 1268 à 1390 ? Lequel l'emporte auprès d'Alcmène ?

4. Quel rôle les serviteurs ont-ils par rapport à leurs maîtres à la fin de la scène 6 et dans la scène 7 ?

Langue

5. Dans les tirades d'Alcmène et de Jupiter, identifiez les figures de style suivantes : hyperboles, métaphores, énumérations, répétitions et anaphores, antithèses. Vous direz en quoi ces procédés servent les propos des personnages.

6. Quels termes s'opposent au nom « amour » et au verbe « aimer » dans la tirade d'Alcmène (vers 1257 à 1267) ?

7. Quel terme est repris par le pronom « cela » au vers 1272 ? Quel terme Alcmène lui oppose-t-elle ?

8. Dans les vers 1288 à 1292, dites si le pronom « on » représente le mari jaloux ou la femme blessée.

9. Relevez les connecteurs logiques dans les tirades d'Alcmène et de Jupiter (vers 1272 à 1390) ; quelles relations logiques indiquent-ils ?

10. Dans les paroles de Jupiter, relevez le vocabulaire du domaine juridique : à quel moment Jupiter plaide-t-il coupable et non coupable ?

11. Par quelles expressions et par quels types de phrases Alcmène dit-elle à Jupiter qu'elle accepte de lui pardonner ?

Genre ou thèmes

12. À quels moments de la scène 6 correspondent les répliques courtes et les répliques longues ? Quel personnage parle le plus dans cette scène ? Pour quelle raison ?

13. L'argument de Jupiter et la réponse d'Alcmène aux vers 1297 à 1340 rappellent un passage de l'acte I : lequel ?

14. L'attitude de Jupiter suppliant et offrant sa vie provoque-t-elle la même impression sur Alcmène et sur le spectateur ? Pourquoi ?

15. Après avoir cherché le sens des termes « supplier » et « supplication », vous relèverez dans les propos et les gestes de Jupiter ce qui correspond à cette démarche.

Écriture

16. Reformulez en langage courant les propos d'Alcmène (vers 1241 à 1243 et vers 1264 à 1267).

17. Après la scène 6, Sosie arrive au port et exécute l'ordre de Jupiter : il invite les officiers à dîner et, en réponse à leurs questions, il raconte la brouille puis la réconciliation de ses maîtres. Vous présenterez votre texte sous forme d'un dialogue de théâtre.

Pour aller plus loin

18. À quel personnage mythologique fait penser la mention des blessures par des vautours au vers 1377 ?

19. Dans *Le Cid* de Corneille, lisez la scène 4 de l'acte III : quels thèmes et procédés relevés ici retrouvez-vous ? Par quels éléments la scène de Molière reste-t-elle cependant rattachée au genre de la comédie ?

✳ À retenir

Jupiter revient pour une grande scène de réconciliation avec Alcmène. Le dieu essaie plusieurs arguments, dont celui de la supplication et du chantage au suicide. De la part d'un dieu, c'est plus comique que tragique ! Autre élément comique, les serviteurs doublent cette scène par une « réconciliation éclair ». Et ces prétendus arrangements préparent de nouveaux quiproquos…

Clefs d'analyse

ACTE III
Scène 1

AMPHITRYON

Oui, sans doute, le sort tout exprès me le[1] cache,
1440 Et des tours que je fais, à la fin, je suis las.
Il n'est point de destin plus cruel, que je sache :
Je ne saurais trouver, portant partout mes pas,
Celui qu'à chercher je m'attache,
Et je trouve tous ceux que je ne cherche pas.
1445 Mille fâcheux[2] cruels, qui ne pensent pas l'être,
De nos faits[3] avec moi, sans beaucoup me connaître,
Viennent se réjouir, pour me faire enrager.
Dans l'embarras[4] cruel du souci qui me blesse,
De leurs embrassements et de leur allégresse
1450 Sur mon inquiétude, ils viennent tous charger[5].
En vain à passer je m'apprête,
Pour fuir leurs persécutions,
Leur tuante amitié de tous côtés m'arrête ;
Et tandis qu'à l'ardeur de leurs expressions
1455 Je réponds d'un geste de tête,
Je leur donne tout bas cent malédictions.
Ah ! qu'on est peu flatté de louange, d'honneur,
Et de tout ce que donne une grande victoire,
Lorsque dans l'âme on souffre une vive douleur !
1460 Et que l'on donnerait volontiers cette gloire,
Pour avoir le repos du cœur !
Ma jalousie, à tout propos,

---

1. **Le** : le frère d'Alcmène.
2. **Fâcheux** : gêneurs.
3. **Faits** : exploits.
4. **Embarras** : confusion.
5. **Charger** : ajouter un poids.

Me promène sur ma disgrâce[1] ;
Et plus mon esprit y repasse,
1465   Moins j'en puis débrouiller le funeste chaos.
Le vol des diamants n'est pas ce qui m'étonne :
On lève les cachets, qu'on ne l'aperçoit pas[2] ;
Mais le don qu'on veut qu'hier j'en vins faire en personne
Est ce qui fait ici mon cruel embarras.
1470   La nature parfois produit des ressemblances
Dont quelques imposteurs ont pris droit d'abuser ;
Mais il est hors de sens[3] que sous ces apparences
Un homme pour époux se puisse supposer[4],
Et dans tous ces rapports[5] sont mille différences
1475   Dont se peut une femme aisément aviser.
Des charmes[6] de la Thessalie,
On vante de tout temps les merveilleux effets ;
Mais les contes fameux qui partout en sont faits,
Dans mon esprit toujours ont passé pour folie ;
1480   Et ce serait du sort une étrange rigueur,
Qu'au sortir d'une ample victoire
Je fusse contraint de les croire,
Aux dépens de mon propre honneur.
Je veux la retâter[7] sur ce fâcheux mystère,
1485   Et voir si ce n'est point une vaine chimère[8]
Qui sur ses sens troublés ait su prendre crédit[9].
Ah ! fasse le Ciel équitable
Que ce penser[10] soit véritable,
Et que, pour mon bonheur, elle ait perdu l'esprit !

---

1. **Me promène sur ma disgrâce** : me ramène à mon malheur.
2. **On lève les cachets, qu'on ne l'aperçoit pas** : on peut enlever les cachets sans qu'on s'en aperçoive.
3. **Hors de sens** : impossible.
4. **Pour époux se puisse supposer** : puisse se faire passer pour un époux.
5. **Rapports** : ressemblances.
6. **Charmes** : sortilèges.
7. **La retâter** : l'interroger de nouveau.
8. **Une vaine chimère** : une vision irréelle.
9. **Prendre crédit** : prendre le dessus.
10. **Ce penser** : cette pensée.

Scène 2   Mercure, Amphitryon.

Mercure

1490 Comme l'amour ici ne m'offre aucun plaisir,
Je m'en veux faire au moins qui soient d'autre nature ;
Et je vais égayer mon sérieux loisir
À mettre Amphitryon hors de toute mesure[1].
Cela n'est pas d'un dieu bien plein de charité ;
1495 Mais aussi n'est-ce pas ce dont je m'inquiète,
Et je me sens par ma planète
À la malice un peu porté.

Amphitryon, *sans voir Mercure.*
D'où vient donc qu'à cette heure on ferme cette porte ?

Mercure
Holà ! tout doucement ! Qui frappe ?

Amphitryon
Moi.

Mercure
Qui, moi ?

Amphitryon
1500 Ah ! ouvre.

Mercure
Comment, ouvre ? Et qui donc es-tu, toi,
Qui fais tant de vacarme et parles de la sorte ?

Amphitryon
Quoi ! tu ne me connais pas ?

Mercure
Non.
Et n'en ai pas la moindre envie.

---

1. **Mettre Amphitryon hors de toute mesure :** pousser Amphitryon à bout.

AMPHITRYON, *à part.*

Tout le monde perd-il aujourd'hui la raison ?

1505 Est-ce un mal répandu ? *(Haut.)* Sosie, holà ! Sosie !

MERCURE

Hé bien, Sosie : oui, c'est mon nom.
As-tu peur que je ne l'oublie ?

AMPHITRYON

Me vois-tu bien ?

MERCURE

Fort bien. Qui[1] peut pousser ton bras
À faire une rumeur si grande ?

1510 Et que demandes-tu là-bas[2] ?

AMPHITRYON

Moi, pendard ! ce que je demande ?

MERCURE

Que ne demandes-tu donc pas ?
Parle, si tu veux qu'on t'entende.

AMPHITRYON

Attends, traître ! avec un bâton
1515 Je vais là-haut me faire entendre,
Et de bonne façon t'apprendre
À m'oser parler sur ce ton.

MERCURE

Tout beau ! Si pour heurter tu fais la moindre instance[3],
Je t'enverrai d'ici des messagers fâcheux[4].

AMPHITRYON

1520 Ô Ciel ! vit-on jamais une telle insolence ?
La peut-on concevoir d'un serviteur, d'un gueux ?

MERCURE

Hé bien ! qu'est-ce ? M'as-tu tout parcouru par ordre ?[5]
M'as-tu de tes gros yeux assez considéré ?

---

1. **Qui :** qu'est-ce qui ?
2. **Là-bas :** là, en bas.
3. **Si pour heurter tu fais la moindre instance :** si tu insistes pour frapper à la porte.
4. **Des messagers fâcheux :** des projectiles.
5. **M'as-tu tout parcouru par ordre ? :** m'as-tu passé tout entier en revue, dans l'ordre ?

Comme il les écarquille, et paraît effaré !
1525 Si des regards on pouvait mordre,
Il m'aurait déjà déchiré.

AMPHITRYON

Moi-même je frémis de ce que tu t'apprêtes[1],
Avec ces impudents propos.
Que tu grossis pour toi d'effroyables tempêtes !
1530 Quels orages de coups vont fondre sur ton dos !

MERCURE

L'ami, si de ces lieux tu ne veux disparaître,
Tu pourras y gagner quelque contusion[2].

AMPHITRYON

Ah ! tu sauras maraud, à ta confusion[3],
Ce que c'est qu'un valet qui s'attaque à son maître.

MERCURE

1535 Toi, mon maître ?

AMPHITRYON

Oui, coquin. M'oses-tu méconnaître ?[4]

MERCURE

Je n'en reconnais point d'autre qu'Amphitryon.

AMPHITRYON

Et cet Amphitryon, qui, hors moi, le peut être ?

MERCURE

Amphitryon ?

AMPHITRYON

Sans doute.

MERCURE

Ah ! quelle vision !
Dis-nous un peu : quel est le cabaret honnête
1540 Où tu t'es coiffé le cerveau[5] ?

---

1. **Ce que tu t'apprêtes** : ce que tu te prépares.
2. **Contusion** : blessure.
3. **À ta confusion** : à ta grande honte.
4. **M'oses-tu méconnaître ?** : oses-tu ne pas me reconnaître ?
5. **Coiffé le cerveau** : soûlé.

AMPHITRYON

Comment ? encor ?

MERCURE

Était-ce un vin à faire fête[1] ?

AMPHITRYON

Ciel !

MERCURE

Était-il vieux, ou nouveau ?

AMPHITRYON

Que de coups !

MERCURE

Le nouveau donne fort dans la tête[2],
Quand on le veut boire sans eau.

AMPHITRYON

1545   Ah ! je t'arracherai cette langue sans doute[3].

MERCURE

Passe[4], mon cher ami, crois-moi :
Que[5] quelqu'un ici ne t'écoute.
Je respecte le vin : va-t'en, retire-toi,
Et laisse Amphitryon dans les plaisirs qu'il goûte.

AMPHITRYON

1550   Comment ! Amphitryon est là-dedans ?

MERCURE

Fort bien[6] :
Qui, couvert des lauriers d'une victoire pleine,
Est auprès de la belle Alcmène,
À jouir des douceurs d'un aimable entretien.
Après le démêlé d'un amoureux caprice,

---

1. **À faire fête :** pour faire la fête.
2. **Donne fort dans la tête :** monte vite à la tête.
3. **Sans doute :** sans aucun doute.
4. **Passe :** arrête.
5. **Que :** de peur que.
6. **Fort bien :** assurément.

1555 Ils goûtent le plaisir de s'être rajustés[1].
Garde-toi de troubler leurs douces privautés[2],
Si tu ne veux qu'il ne punisse[3]
L'excès de tes témérités.

Scène 3

AMPHITRYON, *seul.*

Ah ! quel étrange coup m'a-t-il porté dans l'âme !
1560 En quel trouble cruel jette-t-il mon esprit !
Et si les choses sont comme le traître dit,
Où vois-je ici réduits mon honneur et ma flamme ?
À quel parti me doit résoudre ma raison ?
Ai-je l'éclat ou le secret à prendre ?[4]
1565 Et dois-je, en mon courroux, renfermer ou répandre
Le déshonneur de ma maison ?
Ah ! faut-il consulter[5] dans un affront si rude ?
Je n'ai rien à prétendre[6] et rien à ménager ;
Et toute mon inquiétude[7]
1570 Ne doit aller qu'à me venger.

---

1. **Rajustés** : réconciliés.
2. **Leurs douces privautés** : leur intimité.
3. **Si tu ne veux qu'il ne punisse** : si tu ne veux pas qu'il punisse.
4. **Ai-je l'éclat ou le secret à prendre ?** : dois-je choisir le scandale ou le secret ?
5. **Consulter** : hésiter.
6. **Prétendre** : réclamer.
7. **Inquiétude** : souci.

Clefs d'analyse

Action et personnages

1. Dans la scène 1, quelle est l'attitude de l'entourage d'Amphitryon ? Comment celui-ci y répond-il ? Quelles explications Amphitryon trouve-t-il aux étranges révélations de l'acte II ?

2. Que nous apprend la première réplique de Mercure à la scène 2 ?

3. Qu'est-ce que Mercure refuse à Amphitryon et que lui révèle-t-il ?

4. Comment Amphitryon réagit-il aux réponses de Mercure ? Comment Mercure explique-t-il la prétendue erreur d'Amphitryon ?

5. Quelle évolution de l'état d'esprit d'Amphitryon peut-on noter d'un monologue à l'autre ?

6. Quelles sont les deux attitudes entre lesquelles Amphitryon hésite à la scène 3 ? Que choisit-il de faire finalement ?

Langue

7. Quelle relation logique la conjonction « et » exprime-t-elle au vers 1444 ?

8. Relevez ce qui, dans les paroles de la scène 2, se rapporte au quiproquo (emploi des pronoms personnels, des noms propres et des termes désignant la vue et la reconnaissance).

9. Récapitulez toutes les phrases contenant des menaces dans la scène 2 et observez leur construction (temps des verbes, vocabulaire).

10. Par quels termes Amphitryon désigne-t-il son valet ?

11. Quels sont les trois types de phrases utilisés dans la scène 3 ? À quelles étapes de l'état d'esprit d'Amphitryon correspondent-ils ?

Genre ou thèmes

12. À quel genre théâtral fait penser la mention du « destin » au vers 1441 ? Quels autres termes pourraient appartenir à ce genre théâtral ?

13. Où se trouvent les deux personnages dans la scène 2 ? Quels éléments du dialogue vous permettent de répondre ?

14. Dans ces trois scènes, quels passages montrent plutôt
    la psychologie des personnages et lesquels font avancer
    l'action ? Qu'en concluez-vous sur les fonctions respectives
    du monologue et du dialogue au théâtre ?

Écriture

15. Quelles didascalies les répliques de Mercure vous suggèrent-
    elles, aux vers 1499 et 1523 à 1526 ? Rédigez-les et indiquez
    leur emplacement.

16. En vous inspirant des paroles et des situations de ces trois scènes,
    vous rédigerez deux paragraphes, le premier expliquant en quoi
    Amphitryon est ridicule, le second, en quoi il est pathétique.

Pour aller plus loin

17. Dans *Le Cid* de Corneille, lisez le monologue de Rodrigue,
    acte I, scène 6, et dans *Lancelot ou le Chevalier de la charrette*
    de Chrétien de Troyes, retrouvez le passage montrant
    les hésitations du héros avant de monter dans la charrette :
    dans ces textes, quelles sont les deux options qui s'opposent ?
    Laquelle est finalement choisie par le héros ? Comparez avec le
    second monologue d'Amphitryon.

18. Après avoir identifié la planète mentionnée au vers 1496, vous
    ferez une recherche sur les noms de planètes, constellations ou
    galaxies issus de la mythologie gréco-romaine.

✳ À retenir

Après Sosie à l'acte I, c'est Amphitryon qui rencontre
Mercure et se voit empêché d'entrer chez lui. Deux
monologues nous révèlent les pensées d'Amphitryon :
celles-ci évoluent, d'une vive douleur qui cherche
encore à se rassurer à un désespoir total après les
révélations malicieuses de Mercure. Amphitryon est-il un
personnage comique ou tragique ?

Scène 4 SOSIE, NAUCRATÈS, POLIDAS, AMPHITRYON.

SOSIE, *à Amphitryon.*

Monsieur, avec mes soins tout ce que j'ai pu faire,
C'est de vous amener ces Messieurs que voici.

AMPHITRYON

Ah ! vous voilà ?

SOSIE

Monsieur.

AMPHITRYON

Insolent ! téméraire !

SOSIE

Quoi ?

AMPHITRYON

Je vous apprendrai de me traiter ainsi.

SOSIE

1575 Qu'est-ce donc ? qu'avez-vous ?

AMPHITRYON, *mettant l'épée à la main.*

Ce que j'ai, misérable ?

SOSIE, *à Naucratès et à Polidas.*

Holà ! Messieurs, venez donc tôt[1].

NAUCRATÈS

Ah ! de grâce, arrêtez !

SOSIE

De quoi suis-je coupable ?

AMPHITRYON

Tu me le demandes, maraud[2] ?
(À Naucratès.)
Laissez-moi satisfaire un courroux légitime.

---

1. **Tôt :** vite.
2. **Maraud :** vaurien.

SOSIE

1580 Lorsque l'on pend quelqu'un, on lui dit pourquoi c'est.

NAUCRATÈS, à Amphitryon.

Daignez nous dire au moins quel peut être son crime.

SOSIE

Messieurs, tenez bon, s'il vous plaît.

AMPHITRYON

Comment ! il vient d'avoir l'audace,
De me fermer ma porte au nez,
1585 Et de joindre encor la menace
À mille propos effrénés[1] !
Ah ! coquin ! <i>(Mettant l'épée à la main.)</i>

SOSIE, tombant à genoux.

Je suis mort.

NAUCRATÈS, à Amphitryon.

Calmez cette colère.

SOSIE

Messieurs.

POLIDAS, à Sosie.

Qu'est-ce ?

SOSIE

M'a-t-il frappé !

AMPHITRYON

Non, il faut qu'il ait le salaire
1590 Des mots où tout à l'heure il s'est émancipé[2].

SOSIE

Comment cela se peut-il faire,
Si j'étais par votre ordre autre part occupé ?
Ces messieurs sont ici pour rendre témoignage
Qu'à dîner avec vous je les viens d'inviter.

NAUCRATÈS

1595 Il est vrai qu'il nous vient de faire ce message,
Et n'a point voulu nous quitter.

---

1. **Effrénés** : insensés.
2. **Où tout à l'heure il s'est émancipé** : les mots qu'il a osé dire tout à l'heure.

AMPHITRYON

Qui t'a donné cet ordre ?

SOSIE

Vous.

AMPHITRYON

Et quand ?

SOSIE

Après votre paix faite,
Au milieu des transports d'une âme satisfaite
1600 D'avoir d'Alcmène apaisé le courroux.
(Sosie se relève.)

AMPHITRYON

Ô Ciel ! chaque instant, chaque pas
Ajoute quelque chose à mon cruel martyre !
Et dans ce fatal embarras[1],
Je ne sais plus que croire, ni que dire.

NAUCRATÈS

1605 Tout ce que de chez vous[2] il vient de nous conter
Surpasse si fort la nature,
Qu'avant que de rien faire et de vous emporter,
Vous devez éclaircir toute cette aventure.

AMPHITRYON

Allons, vous y pourrez seconder mon effort,
1610 Et le Ciel à propos ici vous a fait rendre[3].
Voyons quelle fortune[4] en ce jour peut m'attendre :
Débrouillons ce mystère, et sachons notre sort.
Hélas ! je brûle de l'apprendre,
Et je le crains plus que la mort !
(Amphitryon frappe à la porte de sa maison.)

---

1. **Ce fatal embarras :** cette terrible confusion.
2. **De chez vous :** de ce qui se passe chez vous.
3. **Rendre :** venir.
4. **Fortune :** sort.

Scène 5 JUPITER, AMPHITRYON, NAUCRATÈS, POLIDAS, SOSIE.

JUPITER

1615 Quel bruit à descendre m'oblige ?
Et qui frappe en maître où je suis ?

AMPHITRYON

Que vois-je ? justes dieux !

NAUCRATÈS

Ciel ! quel est ce prodige ?
Quoi ! deux Amphitryons ici nous sont produits[1] !

AMPHITRYON, *à part.*

Mon âme demeure transie[2] ;
1620 Hélas ! Je n'en puis plus : l'aventure est à bout[3],
Ma destinée est éclaircie,
Et ce que je vois me dit tout.

NAUCRATÈS

Plus mes regards sur eux s'attachent fortement,
Plus je trouve qu'en tout l'un à l'autre est semblable.

SOSIE, *passant du côté de Jupiter.*

1625 Messieurs, voici le véritable ;
L'autre est un imposteur digne de châtiment.

POLIDAS

Certes, ce rapport[4] admirable
Suspend ici mon jugement.

AMPHITRYON

C'est trop être éludés[5] par un fourbe exécrable,
1630 Il faut, avec ce fer[6], rompre l'enchantement.

---

1. **Produits :** montrés.
2. **Transie :** stupéfaite.
3. **Est à bout :** est à son comble.
4. **Ce rapport :** cette ressemblance.
5. **Éludés :** trompés.
6. **Ce fer :** cette épée.

NAUCRATÈS, *à Amphitryon qui a mis l'épée à la main.*
Arrêtez.

AMPHITRYON

Laissez-moi.

NAUCRATÈS

Dieux ! que voulez-vous faire ?

AMPHITRYON

Punir d'un imposteur les lâches trahisons.

JUPITER

Tout beau ![1] l'emportement est fort peu nécessaire ;
Et lorsque de la sorte on se met en colère,
1635 On fait croire qu'on a de mauvaises raisons.

SOSIE

Oui, c'est un enchanteur qui porte un caractère[2]
Pour ressembler aux maîtres des maisons.

AMPHITRYON

Je te ferai, pour ton partage[3],
Sentir par mille coups ces propos outrageants.

SOSIE

1640 Mon maître est homme de courage,
Et ne souffrira point que l'on batte ses gens.

AMPHITRYON

Laissez-moi m'assouvir[4] dans mon courroux extrême,
Et laver mon affront au sang d'un scélérat.

NAUCRATÈS, *arrêtant Amphitryon.*
Nous ne souffrirons point cet étrange combat
1645 D'Amphitryon contre lui-même.

---

1. **Tout beau !** : doucement !
2. **Un caractère** : une amulette.
3. **Pour ton partage** : pour ta part.
4. **M'assouvir** : me satisfaire.

AMPHITRYON

Quoi ! mon honneur de vous reçoit ce traitement ?[1]
Et mes amis d'un fourbe embrassent la défense ?
Loin d'être les premiers à prendre[2] ma vengeance,
Eux-mêmes font obstacle à mon ressentiment ?

NAUCRATÈS

1650 Que voulez-vous qu'à cette vue
Fassent nos résolutions,
Lorsque par deux Amphitryons
Toute notre chaleur[3] demeure suspendue ?
À vous faire éclater[4] notre zèle aujourd'hui,
1655 Nous craignons de faillir et de vous méconnaître[5].
Nous voyons bien en vous Amphitryon paraître,
Du salut des Thébains le glorieux appui ;
Mais nous le voyons tous aussi paraître en lui,
Et ne saurions juger dans lequel il peut être.
1660 Notre parti n'est point douteux[6],
Et l'imposteur par nous doit mordre la poussière ;
Mais ce parfait rapport[7] le cache entre vous deux ;
Et c'est un coup trop hasardeux
Pour l'entreprendre sans lumière[8].
1665 Avec douceur laissez-nous voir
De quel côté peut être l'imposture ;
Et dès que nous aurons démêlé l'aventure[9],
Il ne nous faudra point dire notre devoir.

---

1. **Mon honneur de vous reçoit ce traitement ?** : c'est ainsi que vous traitez mon honneur ?
2. **Prendre** : soutenir.
3. **Chaleur** : enthousiasme.
4. **À vous faire éclater** : en vous montrant.
5. **De faillir et de vous méconnaître** : de nous tromper et de ne pas vous reconnaître.
6. **Notre parti n'est point douteux** : nous n'avons pas de doutes sur le choix à faire.
7. **Rapport** : ressemblance.
8. **Sans lumière** : sans éclaircissements.
9. **Démêlé l'aventure** : tiré cette affaire au clair.

JUPITER

Oui, vous avez raison ; et cette ressemblance,
1670 À douter de tous deux vous peut autoriser.
Je ne m'offense point de vous voir en balance[1] :
Je suis plus raisonnable, et sais vous excuser.
L'œil ne peut entre nous faire de différence,
Et je vois qu'aisément on s'y peut abuser[2].
1675 Vous ne me voyez point témoigner de colère,
Point mettre l'épée à la main :
C'est un mauvais moyen d'éclaircir ce mystère,
Et j'en puis trouver un plus doux et plus certain.
L'un de nous est Amphitryon ;
1680 Et tous deux à vos yeux nous le pouvons paraître.
C'est à moi de finir cette confusion ;
Et je prétends me faire à tous si bien connaître,
Qu'aux pressantes clartés de ce que je puis être,
Lui-même soit d'accord du sang qui m'a fait naître,
1685 Il n'ait plus de rien dire aucune occasion.
C'est aux yeux des Thébains que je veux avec vous
De la vérité pure ouvrir la connaissance[3] ;
Et la chose sans doute est assez d'importance,
Pour affecter la circonstance
1690 De l'éclaircir[4] aux yeux de tous.
Alcmène attend de moi ce public témoignage :
Sa vertu, que l'éclat de ce désordre outrage,
Veut qu'on la justifie, et j'en vais prendre soin.
C'est à quoi mon amour envers elle m'engage ;
1695 Et des plus nobles chefs je fais un assemblage[5]
Pour l'éclaircissement dont sa gloire[6] a besoin.
Attendant avec vous ces témoins souhaités,

---

1. **En balance :** hésiter.
2. **Abuser :** tromper.
3. **De la vérité pure ouvrir la connaissance :** faire connaître l'exacte vérité.
4. **Pour affecter la circonstance de l'éclaircir :** pour rechercher l'occasion de l'éclaircir.
5. **Un assemblage :** une réunion.
6. **Sa gloire :** sa réputation.

Ayez, je vous prie, agréable[1]
De venir honorer la table
1700 Où vous a Sosie invités.

SOSIE

Je ne me trompais pas. Messieurs, ce mot termine
Toute l'irrésolution :
Le véritable Amphitryon
Est l'Amphitryon où l'on dîne.

AMPHITRYON

1705 Ô Ciel ! puis-je plus bas me voir humilié !
Quoi ! faut-il que j'entende ici, pour mon martyre,
Tout ce que l'imposteur à mes yeux vient de dire,
Et que, dans la fureur que ce discours m'inspire,
On me tienne le bras lié !

NAUCRATÈS, *à Amphitryon.*

1710 Vous vous plaignez à tort. Permettez-nous d'attendre
L'éclaircissement qui doit rendre
Les ressentiments de saison[2].
Je ne sais pas s'il impose[3] ;
Mais il parle sur la chose
1715 Comme s'il avait raison.

AMPHITRYON

Allez, faibles amis, et flattez l'imposture :
Thèbes en a pour moi de tout autres que vous ;
Et je vais en trouver qui, partageant l'injure[4],
Sauront prêter la main à mon juste courroux.

JUPITER

1720 Hé bien ! je les attends, et saurai décider
Le différend[5] en leur présence.

---

1. **Ayez, je vous prie, agréable :** veuillez accepter.
2. **Rendre les ressentiments de saison :** justifier les désirs de vengeance.
3. **S'il impose :** s'il nous trompe.
4. **Partageant l'injure :** prenant mon parti dans l'offense qu'on m'a faite.
5. **Décider le différend :** trancher la question.

AMPHITRYON

Fourbe, tu crois par là peut-être t'évader[1] ;
Mais rien ne te saurait sauver de ma vengeance.

JUPITER

À ces injurieux propos
1725 Je ne daigne à présent répondre
Et tantôt[2] je saurai confondre[3]
Cette fureur, avec deux mots.

AMPHITRYON

Le Ciel même, le Ciel, ne t'y saurait soustraire,
Et jusques aux Enfers j'irai suivre tes pas.

JUPITER

1730 Il ne sera pas nécessaire,
Et l'on verra tantôt que je ne fuirai pas.

AMPHITRYON, *à part.*

Allons, courons, avant que d'avec eux il sorte,
Assembler des amis qui suivent mon courroux,
Et chez moi venons à main forte[4],
1735 Pour le percer de mille coups.

JUPITER

Point de façons, je vous conjure,
Entrons vite dans la maison.

NAUCRATÈS

Certes, toute cette aventure
Confond le sens[5] et la raison.

SOSIE

1740 Faites trêve, Messieurs, à toutes vos surprises,
Et pleins de joie, allez tabler[6] jusqu'à demain.
(Seul.)

---

1. **T'évader :** te tirer d'affaire.
2. **Tantôt :** bientôt.
3. **Confondre :** anéantir.
4. **À main forte :** par la force.
5. **Confond le sens :** bouleverse le bon sens.
6. **Tabler :** vous mettre à table.

Que je vais m'en donner[1] ! et me mettre en beau train
De[2] raconter nos vaillantises[3] !
Je brûle d'en venir aux prises[4] ;
1745   Et jamais je n'eus tant de faim.

Scène 6   MERCURE, SOSIE.

MERCURE

Arrête. Quoi ! tu viens ici mettre ton nez,
Impudent fleureur[5] de cuisine !

SOSIE

Ah ! de grâce, tout doux !

MERCURE

                              Ah ! vous y retournez !
Je vous ajusterai l'échine[6].

SOSIE

1750   Hélas ! brave et généreux moi,
Modère-toi, je t'en supplie.
Sosie, épargne un peu Sosie ;
Et ne te plais point tant à frapper dessus toi.

MERCURE

Qui de t'appeler de ce nom,
1755   A pu te donner la licence[7] ?
Ne t'en ai-je pas fait une expresse défense,
Sous peine d'essuyer mille coups de bâton ?

---

1. **M'en donner :** m'en donner à cœur joie.
2. **Me mettre en beau train de :** me mettre en humeur de.
3. **Nos vaillantises :** nos exploits.
4. **D'en venir aux prises :** d'attaquer (le repas).
5. **Impudent fleureur :** insolent renifleur.
6. **Je vous ajusterai l'échine :** je vous arrangerai le dos.
7. **La licence :** la permission.

SOSIE

C'est un nom que tous deux nous pouvons à la fois
Posséder sous un même maître.
1760 Pour Sosie en tous lieux on sait me reconnaître ;
Je souffre[1] bien que tu le sois ;
Souffre aussi que je le puisse être.
Laissons aux deux Amphitryons
Faire éclater des jalousies ;
1765 Et parmi leurs contentions[2],
Faisons en bonne paix vivre les deux Sosies.

MERCURE

Non, c'est assez d'un seul, et je suis obstiné
À ne point souffrir de partage.

SOSIE

Du pas devant sur moi tu prendras l'avantage[3] ;
1770 Je serai le cadet, et tu seras l'aîné.

MERCURE

Non, un frère incommode[4], et n'est pas de mon goût,
Et je veux être fils unique.

SOSIE

Ô cœur barbare et tyrannique !
Souffre qu'au moins je sois ton ombre.

MERCURE

                    Point du tout.

SOSIE

1775 Que d'un peu de pitié ton âme s'humanise.
En cette qualité souffre-moi près de toi :
Je te serai partout une ombre si soumise,
Que tu seras content de moi.

---

1. **Je souffre :** je tolère.
2. **Contentions :** disputes.
3. **Du pas devant sur moi tu prendras l'avantage :** tu auras l'avantage de marcher devant moi.
4. **Incommode :** gêne.

MERCURE

Point de quartier[1] : immuable est la loi.
1780 Si d'entrer là-dedans tu prends encor l'audace,
Mille coups en seront le fruit.

SOSIE

Las ! à quelle étrange disgrâce[2],
Pauvre Sosie, es-tu réduit ?

MERCURE

Quoi ! ta bouche se licencie
1785 À[3] te donner encore un nom que je défends ?

SOSIE

Non, ce n'est pas moi que j'entends[4].
Et je parle d'un vieux Sosie,
Qui fut jadis de mes parents,
Qu'avec très grande barbarie,
1790 À l'heure du dîner, l'on chassa de céans[5].

MERCURE

Prends garde de tomber dans cette frénésie[6] ;
Si tu veux demeurer au nombre des vivants.

SOSIE, *à part*.

Que je te rosserais, si j'avais du courage,
Double fils-de-putain, de trop d'orgueil enflé !

MERCURE

1795 Que dis-tu ?

SOSIE

Rien.

MERCURE

Tu tiens, je crois, quelque langage.

---

1. **Point de quartier :** pas de pitié.
2. **Disgrâce :** malheur.
3. **Se licencie à :** se permet de.
4. **J'entends :** je veux dire.
5. **De céans :** de cette maison.
6. **Frénésie :** folie.

SOSIE

Demandez : je n'ai pas soufflé[1].

MERCURE

Certain mot de fils-de-putain
A pourtant frappé mon oreille,
Il n'est rien de plus certain.

SOSIE

1800 C'est donc un perroquet que le beau temps réveille.

MERCURE

Adieu. Lorsque le dos pourra te démanger,
Voilà l'endroit où je demeure.

SOSIE, *seul.*

Ô Ciel ! que l'heure de manger
Pour être mis dehors est une maudite heure !
1805 Allons, cédons au sort dans notre affliction[2],
Suivons-en aujourd'hui l'aveugle fantaisie ;
Et par une juste union,
Joignons le malheureux Sosie
Au malheureux Amphitryon.
1810 Je l'aperçois venir en bonne compagnie.

Scène 7 AMPHITRYON, ARGATIPHONTIDAS, POSICLÈS, SOSIE.

AMPHITRYON, *à plusieurs autres officiers qui l'accompagnent.*
Arrêtez là, Messieurs, suivez-nous d'un peu loin,
Et n'avancez tous, je vous prie,
Que quand il en sera besoin.

---

1. **Je n'ai pas soufflé :** je n'ai rien dit.
2. **Affliction :** malheur.

131

POSICLÈS

Je comprends que ce coup doit fort toucher votre âme.

AMPHITRYON

1815 Ah ! de tous les côtés mortelle est ma douleur !
Et je souffre pour ma flamme[1]
Autant que pour mon honneur.

POSICLÈS

Si cette ressemblance est telle que l'on dit,
Alcmène, sans être coupable...

AMPHITRYON

1820 Ah ! sur le fait dont il s'agit,
L'erreur simple devient un crime véritable,
Et, sans consentement[2], l'innocence y périt.
De semblables erreurs, quelque jour qu'on leur donne[3],
Touchent des endroits délicats,
1825 Et la raison bien souvent les pardonne,
Que[4] l'honneur et l'amour ne les pardonnent pas.

ARGATIPHONTIDAS

Je n'embarrasse point là-dedans ma pensée ;
Mais je hais vos Messieurs[5] de leurs honteux délais ;
Et c'est un procédé dont j'ai l'âme blessée,
1830 Et que les gens de cœur[6] n'approuveront jamais.
Quand quelqu'un nous emploie[7], on doit, tête baissée,
Se jeter dans ses intérêts.
Argatiphontidas ne va point aux accords[8].
Écouter d'un ami raisonner l'adversaire
1835 Pour des hommes d'honneur n'est point un coup à faire :
Il ne faut écouter que la vengeance alors.

---

1. **Ma flamme :** mon amour.
2. **Sans consentement :** même si l'on n'est pas complice.
3. **Quelque jour qu'on leur donne :** de quelque côté qu'on les regarde.
4. **Que :** alors que.
5. **Vos Messieurs :** vos amis (de tout à l'heure).
6. **De cœur :** courageux.
7. **Nous emploie :** fait appel à nous.
8. **Ne va point aux accords :** ne cherche pas les compromis.

Le procès ne me saurait plaire ;
Et l'on doit commencer toujours dans ses transports[1],
Par bailler[2], sans autre mystère,
1840   De l'épée au travers du corps.
Oui, vous verrez, quoi qu'il advienne,
Qu'Argatiphontidas marche droit sur ce point ;
Et de vous il faut que j'obtienne,
Que le pendard[3] ne meure point
1845   D'une autre main que la mienne.

AMPHITRYON

Allons.

SOSIE

    Je viens, Monsieur, subir à vos genoux,
Le juste châtiment d'une audace maudite.
Frappez, battez, chargez, accablez-moi de coups,
Tuez-moi dans votre courroux :
1850   Vous ferez bien, je le mérite,
Et je n'en dirai pas un seul mot contre vous.

AMPHITRYON

Lève-toi. Que fait-on ?

SOSIE

    L'on m'a chassé tout net[4] ;
Et croyant à manger m'aller comme eux ébattre[5],
Je ne songeais pas qu'en effet[6]
1855   Je m'attendais là pour me battre.
Oui, l'autre moi, valet de l'autre vous, a fait,
Tout de nouveau, le diable à quatre[7],
La rigueur d'un pareil destin,

---

1. **Transports** : élans.
2. **Bailler** : donner.
3. **Pendard** : vaurien.
4. **Tout net** : carrément.
5. **Croyant à manger m'aller comme eux ébattre** : alors que je croyais aller comme eux m'amuser à manger.
6. **En effet** : en fait.
7. **A fait [...] le diable à quatre** : s'est mis en colère.

133

Monsieur, aujourd'hui, nous talonne[1] ;
1860 Et l'on me dés-Sosie enfin
Comme on vous dés-Amphitryonne.

AMPHITRYON

Suis-moi.

SOSIE

N'est-il pas mieux de voir s'il vient personne[2] ?

---

1. **Nous talonne :** nous poursuit.
2. **S'il vient personne :** s'il ne vient personne.

Costume de Sosie pour *Amphitryon 38*, de Jean Giraudoux (1929).
Dessin de Jean-Denis Malclès.
Représentation à la Comédie des Champs-Élysées, 1957.

Clefs d'analyse

Action et personnages

1. De quelle mission Sosie s'acquitte-t-il dans la scène 4 ? Par qui en a-t-il été chargé ?

2. Comment expliquez-vous la réaction d'Amphitryon ? Dans quels vers le héros l'explique-t-il lui-même ?

3. Comparez les paroles des officiers dans les scènes 4, 5 et 7 : quelle attitude chacun adopte-t-il face à Amphitryon ?

4. Quel Amphitryon Sosie choisit-il à la scène 5 ? Quelles sont les deux raisons qui motivent ce choix ? Pourquoi Sosie doit-il cependant changer de maître à la fin de la scène 6 ?

5. Qu'annonce Jupiter dans la scène 5 ? Dans quels sens différents peut-on comprendre cette annonce ?

6. Quels sont les deux points principaux sur lesquels portent les refus de Mercure au début de la scène 6 (vers 1746 à 1757) ?

7. Quels sont les arrangements que Sosie propose à Mercure ?

Langue

8. Relevez les termes appartenant au champ lexical de la ressemblance et de la confusion dans les scènes 4 et 5. Vous classerez les mots selon leur nature.

9. Quels mots évoquent la magie dans la scène 5 ? Quels vers du début de l'acte III ces mots rappellent-ils ?

10. Par quels pronoms est repris le nom « amis » (vers 1717 à 1721) ?

11. Relevez les noms propres et les pronoms personnels dans les vers 1750 à 1753, 1808-1809, et 1852 à 1857 : quel personnage chaque terme désigne-t-il ?

12. Expliquez le sens et la formation des néologismes (vers 1860 à 1861).

Genre ou thèmes

13. Dans quels passages de la scène 4 le rythme est-il plus rapide ? Comment cela se traduit-il dans les répliques des personnages ?

14. Observez les prises de parole de Jupiter et d'Amphitryon dans la scène 5 : à quel moment parlent-ils et à qui s'adressent-ils ?

15. À quelle scène de l'acte I la scène 6 fait-elle écho ? Quelle différence voyez-vous dans l'attitude adoptée ici par Sosie ?

16. Comment expliquez-vous que Mercure entende l'aparté de Sosie aux vers 1793-1794 ?

17. Dans les scènes 4, 5 et 7, quels vers font allusion à l'infidélité d'Alcmène ?

Écriture

18. Sur le modèle des néologismes de Sosie (vers 1860 et 1861), inventez d'autres verbes à partir de noms ou de prénoms ; puis vous essaierez de changer le préfixe, en indiquant le sens que prendraient alors ces verbes.

19. Après la scène 7, Naucratès vient expliquer à Argatiphontidas les raisons pour lesquelles ils ne peuvent pas venger leur ami tout de suite. Imaginez les arguments que s'opposent les deux interlocuteurs.

Pour aller plus loin

20. Récapitulez les termes évoquant les coups et la gourmandise dans ces quatre scènes ainsi que dans la scène 2 de l'acte I.

21. Recherchez les sens et les synonymes du mot « imposteur » : quel personnage de Molière est désigné par ce nom dans le sous-titre d'une de ses pièces ?

✳ À retenir

C'est (enfin !) la rencontre entre les deux Amphitryons : Jupiter promet – mais diffère encore – l'explication, et donc le dénouement. Amphitryon essaie de trouver de l'aide auprès de plusieurs amis et témoins, mais Jupiter brouille les cartes. Sosie joue son rôle comique de valet dont les principales préoccupations sont d'éviter les coups et de bien manger.

Scène 8 Cléanthis, Naucratès, Polidas, Sosie, Amphitryon, Argatiphontidas, Posiclès.

CLÉANTHIS

Ô Ciel !

AMPHITRYON

Qui[1] t'épouvante ainsi ?
Quelle est la peur que je t'inspire ?

CLÉANTHIS

1865 Las ! vous êtes là-haut et je vous vois ici !

NAUCRATÈS, *à Amphitryon.*

Ne vous pressez point, le voici.
Pour donner devant tous les clartés qu'on désire,
Et qui, si l'on peut croire à ce qu'il vient de dire,
Sauront vous affranchir[2] de trouble et de souci.

Scène 9 Mercure, Cléanthis, Naucratès, Polidas, Sosie, Amphitryon, Argatiphontidas, Posiclès.

MERCURE

1870 Oui, vous l'allez voir tous ; et sachez par avance
Que c'est le grand maître des dieux
Que, sous les traits chéris de cette ressemblance,
Alcmène a fait du Ciel descendre dans ces lieux ;
Et quant à moi, je suis Mercure,
1875 Qui, ne sachant que faire, ai rossé[3] tant soit peu

---

1. **Qui :** qu'est-ce qui.
2. **Vous affranchir :** vous délivrer.
3. **Rossé :** tabassé.

Celui dont j'ai pris la figure :
Mais de s'en consoler il a maintenant lieu ;
Et les coups de bâton d'un dieu
Font honneur à qui les endure.

SOSIE

1880 Ma foi ! Monsieur le dieu, je suis votre valet[1].
Je me serais passé de votre courtoisie.

MERCURE

Je lui donne à présent congé[2] d'être Sosie :
Je suis las de porter un visage si laid,
Et je m'en vais au Ciel, avec de l'ambrosie[3],
1885 M'en débarbouiller tout à fait.
(Il vole dans le Ciel.)

SOSIE

Le Ciel de m'approcher t'ôte à jamais l'envie !
Ta fureur s'est par trop acharnée après moi
Et je ne vis de ma vie
Un Dieu plus diable que toi.

Scène 10 JUPITER, CLÉANTHIS, NAUCRATÈS, POLIDAS, SOSIE, AMPHITRYON, ARGATIPHONTIDAS, POSICLÈS.

JUPITER, *dans une nue.*

1890 Regarde, Amphitryon, quel est ton imposteur,
Et sous tes propres traits vois Jupiter paraître.
À ces marques tu peux aisément le connaître[4] ;
Et c'est assez, je crois, pour remettre ton cœur

---

1. **Je suis votre valet :** merci bien.
2. **Congé :** permission.
3. **L'ambrosie :** ou ambroisie ; nourriture ou plutôt, ici, boisson des dieux.
4. **Le connaître :** le reconnaître.

Dans l'état auquel[1] il doit être,
1895 Et rétablir chez toi la paix et la douceur.
Mon nom, qu'incessamment toute la terre adore,
Étouffe ici les bruits[2] qui pouvaient éclater.
Un partage avec Jupiter
N'a rien du tout qui déshonore ;
1900 Et sans doute il ne peut être que glorieux
De se voir le rival du souverain des dieux.
Je n'y vois pour ta flamme aucun lieu de murmure[3] ;
Et c'est moi, dans cette aventure,
Qui, tout dieu que je suis, dois être le jaloux.
1905 Alcmène est toute à toi, quelque soin qu'on emploie ;
Et ce doit à tes feux être un objet bien doux
De voir que pour lui plaire il n'est point d'autre voie
Que de paraître son époux,
Que Jupiter, orné de sa gloire immortelle,
1910 Par lui-même n'a pu triompher de sa foi[4],
Et que ce qu'il a reçu d'elle
N'a par son cœur ardent été donné qu'à toi.

SOSIE

Le Seigneur Jupiter sait dorer la pilule[5].

JUPITER

Sors donc des noirs chagrins que ton cœur a soufferts.
1915 Et rends le calme entier à l'ardeur qui te brûle.
Chez toi doit naître un fils qui, sous le nom d'Hercule,
Remplira de ses faits[6] tout le vaste univers.
L'éclat d'une fortune[7] en mille biens féconde
Fera connaître à tous que je suis ton support[8],
1920 Et je mettrai tout le monde

---

1. **Auquel** : où.
2. **Les bruits** : les scandales.
3. **Aucun lieu de murmure** : aucune occasion de se plaindre.
4. **Foi** : fidélité.
5. **Dorer la pilule** : faire avaler par de belles paroles.
6. **Faits** : exploits.
7. **Une fortune** : une destinée.
8. **Ton support** : ton soutien.

Au point d'envier ton sort[1].
Tu peux hardiment te flatter
De ces espérances données ;
C'est un crime que d'en douter :
1925 Les paroles de Jupiter
Sont des arrêts[2] des destinées.
(Il se perd dans les nues.)

NAUCRATÈS

Certes, je suis ravi de ces marques brillantes...

SOSIE

Messieurs, voulez-vous bien suivre mon sentiment[3] ?
Ne vous embarquez nullement
1930 Dans ces douceurs congratulantes[4] :
C'est un mauvais embarquement,
Et d'une et d'autre part[5], pour un tel compliment,
Les phrases sont embarrassantes.
Le grand dieu Jupiter nous fait beaucoup d'honneur,
1935 Et sa bonté sans doute est pour nous sans seconde[6] !
Il nous promet l'infaillible bonheur
D'une fortune en mille biens féconde,
Et chez nous il doit naître un fils d'un très grand cœur[7],
Tout cela va le mieux du monde.
1940 Mais enfin coupons aux discours[8],
Et que chacun chez soi doucement se retire.
Sur telles affaires, toujours
Le meilleur est de ne rien dire.

---

1. **Je mettrai tout le monde au point d'envier ton sort :** je ferai en sorte que tout le monde envie ton sort.
2. **Des arrêts :** des ordres.
3. **Mon sentiment :** mon avis.
4. **Ces douceurs congratulantes :** ces félicitations mielleuses.
5. **Et d'une et d'autre part :** pour celui qui fait le compliment et pour celui qui le reçoit.
6. **Sans seconde :** sans égale.
7. **Cœur :** courage.
8. **Coupons aux discours :** abrégeons les discours.

Clefs d'analyse
Acte III, scènes 8 à 10

Action et personnages

1. Dans chacune de ces trois scènes, quels personnages entrent en scène ou quittent la scène ? Quels personnages restent muets ? Quel personnage manque ?

2. En quels termes Naucratès puis Mercure annoncent-ils l'arrivée de Jupiter ?

3. Quelles explications Mercure donne-t-il dans la scène 9 ? Quel trait de caractère du personnage est ici confirmé ?

4. Quelles consolations Jupiter propose-t-il à Amphitryon ? Que lui promet-il pour l'avenir ?

5. Comparez les commentaires de Sosie et de Naucratès aux vers 1913 et 1927 : quels sens différents ces deux répliques donnent-elles aux propos de Jupiter ?

Langue

6. Quelle différence de ton notez-vous entre les deux répliques que Sosie adresse à Mercure dans la scène 9 ?

7. Quelles périphrases désignent Jupiter dans les scènes 9 et 10 ?

8. Quelles personnes différentes Jupiter utilise-t-il pour parler de lui-même dans la scène 10 ?

9. Observez les temps des verbes dans les deux tirades de Jupiter : lesquels renvoient à l'intrigue de la pièce, au moment présent du dénouement, et lesquels concernent l'avenir ?

10. Dans les déclarations de Jupiter, quels termes évoquent sa toute-puissance ? Quelles expressions apparaissent comme des ordres ?

11. Dans la déclaration finale de Sosie, quel lien logique implicite unit les vers 1929-1930 et 1931 ? Sur quoi porte l'opposition exprimée par « mais » au vers 1940 ? En quoi cette tirade s'apparente-t-elle à une fable ?

12. Dans les deux dernières scènes, distinguez différents niveaux de langue utilisés par Sosie.

Genre ou thèmes

13. Comment s'effectuent l'arrivée et le départ de Mercure et de Jupiter ? Quelle atmosphère cela donne-t-il à ce dénouement ?

14. Quels rapprochements pouvez-vous faire entre les thèmes abordés ici par Mercure et par Jupiter ?

15. Quelle peut être, selon vous, l'attitude des personnages muets au cours de la dernière scène ?

Écriture

16. Complétez la réplique interrompue de Naucratès. Puis, sous la forme de deux phrases de deux à trois lignes, vous imaginerez deux morales différentes à ce dénouement : celle que pourrait prononcer Naucratès et celle que l'on peut tirer de la conclusion de Sosie.

17. Rédigez, au choix, une lettre d'Alcmène à Amphitryon ou d'Amphitryon à son épouse : celui qui écrit fait part à l'autre de son état d'esprit après ce dénouement.

Pour aller plus loin

18. Faites des recherches sur le personnage d'Hercule : à quels épisodes de sa vie font allusion les « faits » et le « grand cœur » mentionnés dans la scène 10 ?

19. Recherchez ce que signifie l'expression « *deus ex machina* » : en quoi s'applique-t-elle au dénouement d'*Amphitryon* ? Connaissez-vous d'autres histoires auxquelles elle pourrait s'appliquer ?

✳ À retenir

Nous assistons à un double dénouement : les révélations de Mercure, plus particulièrement destinées à Sosie, et celles de Jupiter, adressées à Amphitryon. Dans les deux cas, Sosie est le seul interlocuteur : il commente avec humour les explications des dieux, puis c'est lui qui conclut la pièce en lui laissant un goût amer.

Clefs d'analyse

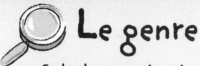 # Le genre

Cochez les cases qui conviennent (plusieurs réponses sont possibles).

1. *Amphitryon* est une comédie qui se rattache au genre de...

- ☐ la comédie héroïque.
- ☐ la comédie musicale.
- ☐ la comédie de caractère.
- ☐ la tragi-comédie.
- ☐ la Comédie-Française.

2. La pièce est écrite...

- ☐ en prose.
- ☐ en prose et en vers.
- ☐ en vers de douze syllabes.
- ☐ en vers de dix syllabes.
- ☐ en vers de huit syllabes.
- ☐ en vers de sept syllabes.

3. L'année où il a écrit *Amphitryon*, Molière a également écrit...

- ☐ *L'École des femmes.*
- ☐ *George Dandin.*
- ☐ *Le Tartuffe.*
- ☐ *L'Avare.*
- ☐ *Le Malade imaginaire.*

4. Lors de la création d'*Amphitryon*, Molière jouait le rôle de...

- ☐ Amphitryon.
- ☐ Jupiter.
- ☐ Sosie.
- ☐ Mercure.

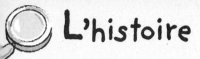

L'histoire

1. **Classez dans l'ordre chronologique ces scènes d'*Amphitryon*.**
   a. Amphitryon rencontre son double pour la première fois.
   b. Sosie rencontre son double pour la première fois.
   c. Mercure autorise la Nuit à continuer sa course.
   d. Jupiter se réconcilie avec Alcmène.
   e. Cléanthis se dispute avec Sosie.
   f. Amphitryon se dispute avec Alcmène.
   g. Cléanthis se dispute avec Mercure.
   h. Sosie rencontre son double pour la deuxième fois.
   i. Mercure demande à la Nuit de s'arrêter.
   j. Cléanthis se réconcilie avec Sosie.

2. **Quels sont les différents moments pendant lesquels se déroule l'action de la pièce ?**
   ☐ Le matin.
   ☐ Le midi.
   ☐ L'après-midi.
   ☐ Le soir.
   ☐ La nuit.

3. **Les accessoires : attribuez chaque objet au personnage qui le porte ou le possède dans la pièce.**

   A. un bijou en diamants.   a. Amphitryon.

   B. un char attelé de chevaux.   b. Alcmène.

   C. une amulette.   c. Sosie.

   D. une lanterne.   d. Mercure.

   E. des ailes aux pieds.   e. la Nuit.

4. **Chaque personnage s'est fixé un objectif. Retrouvez-le et dites s'il a échoué ou réussi.**

   a. Mercure   A. Empêcher Sosie d'entrer dans la maison.

   b. Jupiter   B. Trouver un témoin pour confirmer ses dires.

c. Sosie

C. Annoncer à Alcmène le retour d'Amphitryon.

d. Amphitryon

D. Empêcher Amphitryon d'entrer dans la maison.

E. Passer la nuit avec Alcmène.

F. Se faire aider par ses amis pour tuer l'imposteur.

G. Obtenir le pardon d'Alcmène.

5. **Plusieurs thèmes annexes sont abordés en marge de l'histoire principale : qui les évoque et dans quel passage de la pièce ?**

Avez-vous bien lu ?

Thème abordé	Le ou les personnages qui l'abordent	Le ou les passages où on le trouve
a. La dure condition du serviteur.		
b. Les étranges métamorphoses de Jupiter pour séduire les femmes.		
c. Les médecins conseillent les gens sur leur vie privée.		
d. Un vice « tranquille » vaut mieux qu'une vertu bruyante.		
e. Les importuns dont les trop vives félicitations dérangent.		
f. Il faut se venger sans attendre ni chercher à comprendre.		

Les personnages

1. Lesquelles de ces propositions ne sont pas des réflexions de Sosie, dans la scène de sa première rencontre avec Mercure ?

a. Je fais semblant de ne pas avoir peur.

b. Je reconnais être peureux.

c. Je suis bien Sosie.

d. Tu es bien Sosie.

e. Je ne suis peut-être pas Sosie.

f. Sosie doit être une troisième personne.

g. Qui suis-je donc ?

h. Cet homme me ressemble.

i. Cet homme ne me ressemble pas du tout.

j. Cet individu est sûrement un dieu.

2. Ce qui les motive... : cochez les cases qui conviennent (plusieurs réponses sont possibles).

a. Mercure torture Sosie puis Amphitryon parce que...

☐ Il veut laisser à Jupiter le temps de s'échapper.

☐ Il doit les empêcher d'entrer dans la maison.

☐ Il obéit aux ordres d'Alcmène.

☐ Il n'a rien de mieux à faire.

b. Alcmène accepte de pardonner la colère de son mari parce que...

☐ Ce n'était qu'un jeu.

☐ Il la supplie à genoux.

☐ Elle distingue l'amant du mari.

☐ Il lui offre sa vie.

c. Entre les deux Amphitryons, Sosie choisit Jupiter parce que...

☐ Il menace de le renvoyer.

☐ Il ne menace pas de le battre.

☐ Il le paie mieux.

☐ Il lui offre à dîner.

☐ Il porte une amulette.

3. À partir de la liste donnée, reconstituez les couples mari et femme, les couples maître et valet, les doubles.

Alcmène – Mercure – Jupiter – Amphitryon – Sosie – Cléanthis – une lanterne.

4. Qui rencontre qui ? Pour chaque scène, remplissez les deux cases correspondant aux deux personnages principaux qui s'y rencontrent et dialoguent (une croix pour les dialogues entre mari et femme ou maître et valet, un cercle pour ces mêmes rencontres lorsque l'un des personnages est un « faux », un trait horizontal lorsque le personnage rencontre son double).

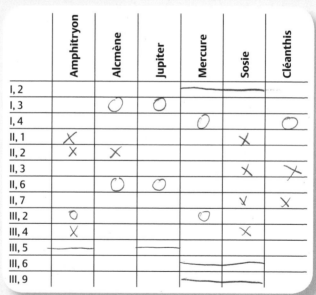

	Amphitryon	Alcmène	Jupiter	Mercure	Sosie	Cléanthis
I, 2				—		
I, 3		○	○			
I, 4				○		○
II, 1	✕				✕	
II, 2	✕	✕				
II, 3					✕	✕
II, 6		○	○			
II, 7					✕	✕
III, 2	○			○		
III, 4	✕				✕	
III, 5	—		—			
III, 6				—		
III, 9				—		

Langue

1. Précieuses images... : reliez les images de la première liste au sens qu'elles ont dans la pièce (deuxième colonne).

A. Le ténébreux séjour.	a. Les marques d'amour.
B. L'objet.	b. L'amour, la passion.
C. Les feux.	c. L'élan, l'emportement.
D. Les galants.	d. Les charmes.
E. La flamme.	e. Le monde des morts.
F. Les transports.	f. Les séducteurs, les amants.
G. Les appas.	g. La personne aimée.
H. Les faveurs.	

2. Complétez ces citations extraites d'*Amphitryon*, puis associez-les au personnage qui les prononce (Amphitryon, Jupiter, Sosie, Mercure ou Alcmène).

A. « Combien de gens font-ils des récits de bataille dont .... ? »

B. « Et je prendrais pour ma devise : « Moins d'honneur, et plus .... »

C. « Et j'étais venu, je vous jure, avant que je fusse .... »

D. « Peut-on plus vivement se voir .... ? »

E. « Dire qu'on ne saurait haïr, n'est-ce pas dire .... ? »

F. « Le véritable Amphitryon est l'Amphitryon où l'on .... »

G. « Et la raison bien souvent les pardonne, que .... Et .... ne les pardonnent pas. »

H. « Un partage avec .... n'a rien du tout qui déshonore »

I. « Et sans doute il ne peut être que glorieux de se voir le rival .... »

J. « Sur de telles affaires, toujours le meilleur est de .... »

3. **Noms propres devenus noms communs : associez chaque nom commun (colonne 1) avec son sens courant (colonne 2), puis retrouvez le nom propre dont il est issu, d'après les définitions de la colonne 3.**

1. Un sosie.	a. Un labyrinthe, un ensemble de rues tortueuses.	A. Un protecteur des artistes sous l'empereur Auguste.
2. Un amphitryon.	b. Un gardien peu aimable.	B. Une des trois Gorgones, à la tête couverte de serpents.
3. Une chimère.	c. Une femme méchante, colérique.	C. Une des trois Érinyes, divinités de la vengeance.
4. Un mécène.	d. Celui qui soutient et aide financièrement les artistes.	D. Général thébain, époux d'Alcmène.
5. Une méduse.	e. Un hôte qui offre à manger.	E. Père d'Icare et constructeur du Labyrinthe.
6. Un dédale.	f. Une vision, un rêve, un idéal impossible à atteindre.	F. Valet d'Amphitryon, qui rencontre son double.
7. Un atlas.	g. Une personne qui ressemble parfaitement à une autre.	G. Jeune fille très belle, épouse d'Éros (l'Amour).
8. Une psyché.	h. Un recueil de cartes géographiques.	H. Chien à trois têtes qui gardait l'entrée des Enfers.
9. Un cerbère.	i. Animal marin pourvu de tentacules.	I. Géant qui portait la voûte du ciel sur ses épaules.
10. Une mégère.	j. Un grand miroir mobile inclinable.	J. Monstre hétéroclite, mélange de lion, chèvre et serpent.

4. **Mots cachés :** 20 mots (de 5 lettres minimum) en rapport avec la pièce *Amphitryon* sont cachés dans cette grille ; vous les retrouverez en lisant de gauche à droite, de droite à gauche, horizontalement, verticalement ou en diagonale. Une même lettre peut servir plusieurs fois. Avec les lettres restantes, vous reconstituerez les titres de deux comédies de Molière.

A	F	A	R	C	E	D	A	S	H	I	F
L	M	E	I	S	O	S	O	E	S	C	L
C	Q	P	T	O	U	M	R	U	H	I	A
M	U	L	H	L	E	C	E	I	B	M	M
E	I	A	E	I	U	M	M	D	A	L	M
N	P	U	B	L	T	E	U	N	I	A	E
E	R	T	E	N	R	R	T	E	R	E	H
N	O	E	S	E	O	C	Y	R	E	F	E
S	Q	A	R	D	E	U	R	O	D	E	R
J	U	P	I	T	E	R	D	J	N	C	M
M	O	L	I	E	R	E	S	C	E	N	E
B	N	P	C	L	E	A	N	T	H	I	S

POUR
APPROFONDIR

Thèmes et prolongements

❖ Amphitryon à travers les siècles

La légende d'Amphitryon a été illustrée par différentes œuvres depuis l'Antiquité grecque : autant de réécritures où chaque auteur a laissé apparaître sa personnalité ou les préoccupations de son époque. Explorer les particularités de ces œuvres nous aide à mieux cerner les spécificités de la pièce de Molière.

Molière et ses sources

La légende grecque d'Amphitryon explique la naissance d'Héraclès. La première version de cette légende qui nous soit parvenue (à peu près) complète est la comédie *Amphitryon* de Plaute, auteur latin du IIIe siècle avant J.-C. Molière s'est inspiré de cette pièce, comme l'avait déjà fait en 1636 Jean Rotrou dans *Les Sosies*.

Par rapport à ses prédécesseurs, Molière a raccourci la pièce de cinq à trois actes. Il a simplifié l'action, se rapprochant ainsi de la règle classique de l'unité d'action, de lieu et de temps. Il abandonne, par exemple, le thème de la naissance des jumeaux d'Alcmène, Hercule (fils de Jupiter) et Iphiclès (fils d'Amphitryon). Dans le modèle latin, cette naissance est annoncée plusieurs fois et sert de dénouement : au milieu des éclairs et du tonnerre, on raconte la naissance des enfants, et comment Hercule a égorgé deux serpents envoyés sur son berceau. Deux pères, deux fils... un duo de plus ! Chez Molière, on ne fait qu'annoncer la naissance d'Hercule, à la fin de la pièce. L'action est plutôt concentrée sur le couple d'Amphitryon (ou de Jupiter) et d'Alcmène.

Molière innove aussi en utilisant les vers libres : alors que la comédie de Rotrou est entièrement composée en alexandrins, Molière mêle quatre types de vers : alexandrins, décasyllabes, octosyllabes et heptasyllabes. Le même vers est parfois partagé entre plusieurs personnages, dans un échange rapide, proche de la prose. Les rimes sont plates, croisées, ou embrassées. Autant de variations qui évitent la monotonie et donnent une grande souplesse à la pièce.

Le personnage de la Nuit est une invention de Molière : le long monologue de Mercure introduisant la pièce de Plaute devient un dialogue galant, peut-être sous l'influence de Rotrou, qui fait dialoguer Mercure et la Lune. Molière donne une épouse à Sosie, Cléanthis, et crée ainsi un couple de valets qui double celui des maîtres. Le personnage d'Amphitryon, chez Plaute comme chez Rotrou, a des échanges beaucoup plus directs avec Jupiter : il dialogue avec lui, et les deux rivaux en viennent même aux mains ! Pourtant, à la fin, le héros se montre satisfait du dénouement. L'Amphitryon de Molière, par ses silences, apparaît comme un héros moins excessif et sans doute plus touchant.

Après Molière

Après Molière, bien des auteurs ont réécrit la légende d'Amphitryon. Citons l'Anglais John Dryden, dont la pièce de 1690, *Amphitryon ou les Deux Sosies,* fut mise en musique par Henry Purcell. Les auteurs allemands semblent s'être tout particulièrement intéressés à cette légende, la version la plus connue étant celle de Heinrich von Kleist, en 1807. Cette œuvre donne plus d'importance au thème de l'identité ainsi qu'au personnage d'Alcmène. Jean Giraudoux continue dans cette voie lorsqu'il fait paraître, en 1929, ce qu'il dit être la trente-huitième version du mythe, *Amphitryon 38* : Alcmène est la véritable héroïne de la pièce ; elle triomphe de Jupiter, en préférant l'amour purement humain de son mari à la gloire divine. En ce début du vingtième siècle, le thème de la guerre prend également une importance nouvelle ; elle fait partie de la ruse des dieux : Mercure décide de déclarer la guerre pour éloigner Amphitryon.

On voit comment cette légende a traversé les frontières et les siècles. Elle ne se limite pas non plus au théâtre, puisqu'on en trouve des traces dans la légende celtique du roi Arthur. Celle-ci rapporte comment Merlin permit au roi Uterpandragon de passer une nuit avec la belle Igerne : le magicien donna au roi les traits du duc de Tintagel, le mari d'Igerne. En remerciement de ses services, Merlin demanda le fils né de cette union, Arthur.

Thèmes et prolongements

Doubles et jeux de miroirs

Le thème du double est au cœur de l'histoire d'Amphitryon, puisque Jupiter et Mercure prennent les traits d'Amphitryon et de Sosie. Thème central de la pièce, il est également la source principale du comique. Bien plus, en multipliant les jeux de miroirs, Molière nous donne une véritable leçon de théâtre.

Dans la comédie latine déjà, les doubles sont eux-mêmes dédoublés : aux deux Amphitryons, le général et le roi des dieux, s'ajoutent les deux Sosies, le valet d'Amphitryon et le messager de Jupiter. Avec l'introduction du personnage de Cléanthis, il y a aussi deux couples, celui des maîtres et celui des valets.

À partir de ces différents duos, les combinaisons possibles sont nombreuses et Molière ne s'en prive pas...

Les doubles se rencontrent

La scène la plus marquante de la pièce est sans doute la rencontre entre Mercure et Sosie : dès le début, deux doubles se trouvent face à face. La scène est essentiellement comique : gifles et coups ponctuent le dialogue ; nous rions du désarroi de Sosie, confronté à un problème totalement inouï, puis de son « raisonnement » qui le conduit à admettre la réalité de ce double ! La rencontre, à l'acte III, est plus courte : Sosie essaie de négocier un statut de frère ou d'ombre, mais en vain.

Amphitryon, lui aussi, rencontre Jupiter mais bien plus tard et il y a peu d'échanges entre les rivaux. Pour eux, la pièce privilégie l'apparition successive des doubles, source d'un autre type de comique, le quiproquo.

Les doubles se succèdent

Jupiter et Amphitryon se succèdent face à Alcmène. Situation qui entraîne une suite de malentendus : Alcmène, qui vient juste de faire ses adieux à Jupiter, s'étonne de voir Amphitryon « de retour si tôt » : mauvais début pour des retrouvailles ! Puis c'est Jupiter qui reparaît pour se réconcilier avec Alcmène. Amphitryon, à l'acte III, arrive de nouveau trop tard. Cléanthis, elle aussi, a affaire successivement à Mercure et à Sosie, lorsqu'elle reproche au second la froideur du premier.

Autant de méprises entretenues avec la complicité des dieux... et des spectateurs.

Les scènes en écho

Une autre caractéristique de la pièce est la reprise de certaines scènes en miroir, ce qui permet un comique de répétition... particulièrement bien adapté à une histoire de doubles !

On n'est pas étonné de voir dédoublées les scènes de dispute et de réconciliation, puisqu'il y a deux couples. Ces reprises montrent les différences entre les maîtres et les valets. L'aventure est beaucoup plus tragique pour Amphitryon, qui a été trompé par un rival : la joie de Sosie après les révélations de son épouse contraste avec le désespoir de son maître. D'autre part, la réconciliation est bien plus rapide pour les valets, moins portés sur la rhétorique.

La rencontre avec Mercure en portier « musclé » a lieu trois fois, deux avec Sosie, une avec Amphitryon. La scène est aussi reprise par un récit : Sosie raconte à son maître l'entrevue avec son double, dans un rapport encore plus absurde que la rencontre elle-même. D'autres récits évoquent un épisode antérieur au lever de rideau : Alcmène raconte le retour du faux Amphitryon, et Sosie, la victoire de son maître.

Le théâtre dans le théâtre

Mais ce dernier récit est totalement inventé, puisque Sosie n'a pas assisté à la bataille. De plus, il s'agit de la répétition d'un discours qui ne sera jamais prononcé devant Alcmène. Sosie y joue trois personnages : le messager qu'il sera, le Sosie actuel et Alcmène. C'est une petite pièce de théâtre dans la grande pièce *Amphitryon*.

Les dieux, eux aussi, en se métamorphosant, jouent un rôle : Mercure parle dans le prologue d'aller « vêtir la figure » de Sosie ; à la fin de la pièce, il a hâte d'aller se « débarbouiller » le visage.

En multipliant les jeux de miroirs, Molière met en scène des thèmes caractéristiques des œuvres baroques des XVIe et XVIIe siècles, comme *La Comédie des erreurs* de Shakespeare, où les doubles sont des frères jumeaux, ou *L'Illusion comique* de Corneille, qui expose le théâtre dans le théâtre.

Pour approfondir

❖ Amphitryon et Jupiter

Amphitryon est le personnage éponyme de la pièce, celui qui lui donne son titre. Mais quel type de héros est-il ? Un héros mythologique, comme ceux de la poésie épique ou de la tragédie, ou un mari trompé, héros malgré lui d'une comédie ? Et quel rôle joue dans cet héroïsme ambigu son double, Jupiter ?

Des personnages héroïques

C'est généralement la tragédie qui met en scène les rois et les personnages nobles ou issus de la mythologie ; la comédie montre plutôt des personnages ordinaires, souvent ridicules. On ne s'étonnera pas de trouver les plus anciennes mentions de la légende d'*Amphitryon* dans les poèmes épiques d'Homère ou d'Hésiode (sous forme d'allusions), ou dans des tragédies grecques aujourd'hui perdues. Plaute, même s'il adapte le sujet au genre comique, qualifie sa pièce de « tragi-comédie ».

Pour le public du XVIIe siècle, Amphitryon, jeune marié et général victorieux du roi Ptérélas, rappelle Rodrigue, le fiancé de Chimène et vainqueur des Maures dans *Le Cid* de Corneille. Son double, Jupiter, a lui aussi des accents de Rodrigue quand il supplie Alcmène de lui pardonner. Pour cette scène, Molière a lui-même repris certains passages de sa comédie héroïque *Dom Garcie de Navarre*.

Mais Jupiter et Amphitryon sont deux héros concurrents : à cause de Jupiter, Amphitryon ne peut pas réaliser le retour triomphal qu'il espérait, et c'est une autre pièce qui va se jouer. Le héros devient une victime, un mari trompé incapable de comprendre ce qui s'est passé. La tragédie s'efface devant la comédie.

Des personnages comiques

Le personnage du mari trompé (le « cocu ») est déjà un type de la comédie dans la farce du Moyen Âge. Chez Molière, le plus célèbre exemple est Arnolphe, le vieillard jaloux de *L'École des femmes*.

Pour approfondir

Amphitryon, trompé par Jupiter, est en effet ridicule à plus d'un titre : des phrases à double sens pour le spectateur soulignent son ignorance de la vérité (« mon arrivée va la surprendre », « le Ciel même ne saurait t'y soustraire ») ; c'est un personnage à la fois violent et impuissant qui a bien du mal à se faire obéir par Sosie, malgré les coups dont il le menace. Après l'acte II, il erre en vain sans trouver le témoin qu'il cherchait. À plusieurs reprises, il veut dégainer son épée – pour punir Sosie, puis Jupiter –, mais son entourage l'en empêche à chaque fois. Un personnage de comédie ne peut pas tuer son adversaire ! Enfin, le récit de sa glorieuse victoire est nettement perverti : il prend la forme d'un récit totalement inventé par son valet devant une lanterne et, de toute façon, Alcmène le connaît déjà par le faux Amphitryon.

Jupiter, moins ridicule parce qu'il mène le jeu, n'est pas non plus épargné par le comique : en se jetant à genoux devant Alcmène et en obtenant son pardon par un chantage au suicide, le dieu en fait clairement un peu trop...

La pièce prend des airs de parodie de comédie héroïque.

Amphitryon, un héros ambigu

Mais l'échec d'Amphitryon n'est-il pas celui de tout courtisan, livré au bon vouloir d'un souverain absolu ? En outre, ce mari berné reste touchant dans sa douleur face à l'épreuve, surtout lorsque cette douleur s'exprime non pas par la volonté de frapper ou de tuer, mais par la mention d'une irrémédiable perte : il ne peut s'expliquer l'infidélité de son épouse (comment Alcmène a-t-elle pu le confondre avec un autre homme ?) et même lorsque la vérité se fait jour, on sent qu'une blessure restera (« la raison bien souvent [...] pardonne / Que l'honneur et l'amour ne [...] pardonnent pas »). Son silence final peut s'interpréter dans ce sens. Il y a là une marge de manœuvre pour le metteur en scène comme pour le lecteur : entre le héros qu'il ne peut pas être et le cocu ridicule, il y a la place pour un personnage irrémédiablement et intérieurement blessé : en somme, un héros moderne !

✥ Le personnage de Sosie

> Le valet Sosie est a priori un personnage secondaire dans l'histoire d'Amphitryon. Sa fonction est essentiellement comique. Mais sous la plume de Molière, il apparaît à plus d'un titre comme le personnage principal de la pièce.

Un valet poltron et gourmand

Le valet est un personnage typique de la comédie. Il joue donc un rôle essentiel pour affirmer le genre comique de cette pièce.

Comme la plupart de ses modèles, Sosie est peureux. On le voit dès son entrée en scène : il a peur de marcher seul la nuit, alors même qu'il souligne son « audace sans seconde ». Il est également gourmand, et Mercure nous apprend que, pendant la bataille, il s'était caché pour manger du jambon et boire du vin. À l'acte III, sa déception de ne pouvoir entrer dans la maison est à la hauteur de la joie qu'il se faisait d'aller « tabler jusqu'à demain ». Autre thème typique de la comédie, les coups dont le valet est victime. Amphitryon en reste au stade des menaces mais Mercure, lui, passe aux actes et frappe Sosie à plusieurs reprises. Plus tard, entre les deux Amphitryons, le valet choisit celui qui ne menace pas de le battre et qui propose d'aller dîner (en quoi il se trompe et choisit Jupiter). Le serviteur est, d'autre part, une image triviale de son maître : les scènes des révélations et de la réconciliation entre Amphitryon et Alcmène sont doublées par des scènes analogues entre Sosie et sa femme. Plus courtes, et dans un niveau de langue plus courant, ces scènes sont des contrepoints comiques aux précédentes.

Un valet insolent et inventif

Mais ce valet poltron et soumis garde une certaine liberté. Dans la première scène, il critique les grands qui asservissent les valets. Face à son maître, lorsqu'il doit faire le récit à haut risque de son échec, il négocie âprement une « trêve aux coups ». En revanche, l'insolence ne marche pas face à Mercure : à l'acte I, scène 2, ses réponses évasives lui valent un soufflet.

Sa naïveté même peut lui donner un certain avantage sur son maître : convaincu de la présence d'un double, il peut obtenir bien plus rapidement qu'Amphitryon le récit, par Cléanthis, des mystérieux retours de la veille. Puis, lors de sa seconde rencontre avec Mercure, il tente avec pragmatisme de trouver une place pour un second Sosie.

Et même s'il ne peut mener l'intrigue à la manière du valet rusé des *Fourberies de Scapin* (car la ruse est, ici, du côté des dieux), Sosie montre qu'il est plein de ressources. Il s'étonne lui-même de ses trouvailles lorsqu'il invente le récit de la bataille à laquelle il n'a pas assisté, et il n'hésite pas à s'associer à la gloire de son maître. Il improvise plusieurs explications au fur et à mesure que Cléanthis lui apprend les étranges réactions de Mercure.

Un personnage omniprésent

Sosie est le personnage le plus souvent présent, tout au long de la pièce. Il apparaît dès la première scène, bien avant Amphitryon. Après le prologue, cette scène constitue comme une seconde exposition : le valet vient annoncer le retour de son maître. Et alors même qu'il échoue à s'acquitter de sa mission, il se retrouve (malgré lui) la vedette de la plus longue scène de la pièce, la rencontre avec son double. Il est ensuite présent dans toutes les scènes de l'acte II : en interlocuteur d'Amphitryon puis de Cléanthis, ou en spectateur dans la scène 2, qu'il ponctue de quelques remarques humoristiques. Dans le dénouement, c'est lui l'interlocuteur principal : face à Mercure, dont les révélations lui sont plus particulièrement adressées, et même face à Jupiter ; il dévalorise les consolations du dieu par un aparté malicieux (« Jupiter sait dorer la pilule ») et surtout, il donne par sa conclusion générale un ton sérieux à la pièce : en imposant le silence, il interrompt la conclusion optimiste que l'on attendait. Sosie est-il un fin psychologue pour deviner que son maître est resté blessé ? Est-il un moraliste qui conclut la pièce à la manière d'une fable ? En tout cas, Sosie est le rôle que Molière s'était réservé dans sa pièce...

Pour approfondir

Textes et images

✢ Figures du double

Le thème du double, présent dans plusieurs figures de la mythologie antique, a été abordé par différents genres littéraires, mais aussi par la peinture ou le cinéma. Et l'effet recherché n'est pas toujours comique…

Documents :

❶ Extrait de la comédie de Plaute *Amphitryon* (IIIe siècle av. J.-C.) ; acte II, scène 2, traduction d'Alfred Ernout.

❷ Extrait du roman de Robert de Boron *Merlin* (fin XIIe siècle) ; adaptation Jean-Pierre Tusseau, d'après la traduction d'Alexandra Micha, Flammarion, 1998.

❸ Extrait d'une nouvelle de Guy de Maupassant, *Lui ?*, 1883.

❹ Dessin représentant le dieu Janus.

❺ « Laia faisant son autoportrait ». Miniature extraite du *De mulieribus claris* de Boccace, 1402.

❻ Affiche du film de Charlie Chaplin *Le Dictateur*, 1940.

❶ *Alcmène affirme qu'Amphitryon est revenu la veille. Comme preuve, elle propose de lui montrer la coupe d'or, cadeau qu'elle a reçu en réalité de Jupiter.*

Sosie. Dis-moi ; pourquoi ne la fais-tu pas exorciser comme possédée ?

Amphitryon. Ma foi, elle en aurait bon besoin. Certainement elle est au pouvoir des esprits.

Alcmène, *prenant la coupe que Thessala lui apporte.* Sans plus discourir, tiens, voici la coupe.

Amphitryon. Donne.

Alcmène. Allons regarde à présent, s'il te plaît, toi qui nies les faits les plus certains : je veux ici même te convaincre publiquement. Est-ce bien la coupe qu'on t'a donnée là-bas ?

Amphitryon. Ô grand Jupiter, que vois-je ? c'est elle, c'est bien elle ! Je suis perdu, Sosie.

Sosie. Que diantre ! ou cette femme est la plus grande sorcière du monde, ou *(montrant le coffret)* la coupe doit être ici dedans.

Amphitryon. Allons, vite, ouvre le coffret.

Sosie. À quoi bon l'ouvrir ? Il est bel et bien cacheté. C'est parfait. Tu as accouché d'un autre Amphitryon, moi d'un autre Sosie : si la coupe à son tour a accouché d'une autre coupe, nous voilà tous avec un jumeau.

2 *Le roi Uter est amoureux de la belle Igerne. Mais celle-ci est fidèle à son époux, le duc de Tintagel. Le roi demande de l'aide à Merlin : le magicien propose de lui donner les traits du duc ; lui-même et Ulfin prendront l'apparence de deux chevaliers proches du duc, Bretel et Jordain.*

Ils partirent le soir venu et chevauchèrent jusqu'à Tintagel. S'étant frottés avec une herbe qu'avait apportée Merlin, ils se dirigèrent, la nuit venue, vers la porte de la forteresse. Méconnaissable sous les traits de Bretel, Merlin appela le portier et les sentinelles accoururent.

« Ouvrez, dit Merlin, voici le duc ! »

Ils ouvrent, pensant être en présence de Bretel, du duc et de Jordain, et les font entrer. Une fois dans les murs, le faux Bretel interdit de répandre en ville la nouvelle de l'arrivée du duc, mais ordonne de prévenir la duchesse. Ils chevauchent jusqu'au palais et mettent pied à terre. Merlin recommande bien au roi en aparté de jouer son rôle de seigneur du lieu. Ils entrent tous les trois dans la chambre où reposait Igerne, déjà au lit. Sans perdre de temps, les deux complices font déchausser et mettre au lit leur maître, puis ils sortent et gardent la porte jusqu'au matin. C'est grâce à cette ruse qu'Uterpandragon coucha avec Igerne et engendra cette nuit le bon roi qu'on appela plus tard Arthur.

3 *Par un soir d'automne pluvieux, le narrateur se sent triste et nerveux, sans savoir pourquoi ; ne supportant plus la solitude, il décide de sortir, dans l'espoir de trouver une personne de connaissance à qui parler, mais en vain.*

J'errai longtemps ainsi, et, vers minuit, je me mis en route pour rentrer chez moi. J'étais fort calme, mais fort las. Mon concierge, qui se couche avant onze heures, m'ouvrit tout de suite, contrairement à son habitude, et je pensai : « Tiens, un autre locataire vient sans doute de remonter. »

Quand je sors de chez moi, je donne toujours à ma porte deux tours de clef. Je la trouvai simplement tirée, et cela me frappa. Je supposai qu'on m'avait monté des lettres dans la soirée.

J'entrai. Mon feu brûlait encore et éclairait même un peu l'appartement. Je pris une bougie pour aller l'allumer au foyer, lorsque, en jetant les yeux devant moi, j'aperçus quelqu'un assis dans mon fauteuil, et qui se chauffait les pieds en me tournant le dos.

Je n'eus pas peur, oh ! non, pas le moins du monde. Une supposition très vraisemblable me traversa l'esprit ; celle qu'un de mes amis était venu pour me voir. La concierge, prévenue par moi à ma sortie, avait dit que j'allais rentrer, avait prêté sa clef. Et toutes les circonstances de mon retour, en une seconde, me revinrent à la pensée : le cordon tiré tout de suite, ma porte seulement poussée.

Mon ami, dont je ne voyais que les cheveux, s'était endormi devant mon feu en m'attendant, et je m'avançai pour le réveiller. Je le voyais parfaitement, un de ses bras pendant à droite ; ses pieds étaient croisés l'un sur l'autre ; sa tête, penchée un peu sur le côté gauche du fauteuil, indiquait bien le sommeil. Je me demandais : « Qui est-ce ? » On y voyait peu d'ailleurs dans la pièce. J'avançai la main pour lui toucher l'épaule !...

Je rencontrai le bois du siège ! Il n'y avait plus personne. Le fauteuil était vide !

Quel sursaut, miséricorde !

Je reculai d'abord comme si un danger terrible eût apparu devant moi. Puis je me retournai, sentant quelqu'un derrière mon dos ; puis, aussitôt un impérieux besoin de revoir le fauteuil me fit pivoter encore une fois. Et je demeurai debout, haletant d'épouvante, tellement éperdu que je n'avais plus une pensée, prêt à tomber.

4

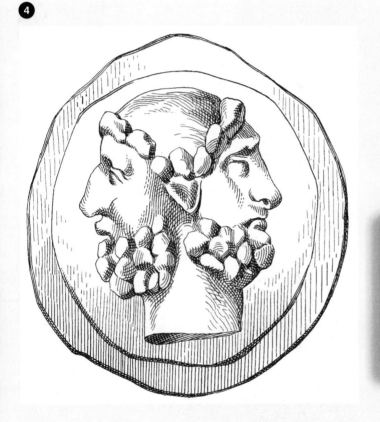

5

Pour approfondir

6

LE DICTATEUR

Pour approfondir

❖ Étude des textes

Savoir lire

1. Quels sont les personnages présents dans chaque texte ? Quels personnages ou objets sont dotés d'un double (réel ou supposé) ?

2. Relevez les termes qui évoquent, dans le premier texte, le dédoublement et, dans le second texte, l'usurpation d'identité.

3. Dans les trois textes, quels termes évoquent la magie, la folie ou la peur ?

Savoir faire

4. Retrouvez, chez Molière, le passage correspondant à l'extrait de Plaute ci-dessus. Récapitulez les points communs et les différences entre les deux textes.

5. Comparez l'histoire du roi Uter à celle d'Amphitryon : quels personnages de cette dernière correspondraient à ceux évoqués dans le texte 2 ?

6. Recherchez et exposez l'intrigue d'un autre texte évoquant des doubles : vous pourrez choisir, par exemple, la pièce *Les Ménechmes* de Plaute ou *La Comédie des erreurs* de Shakespeare, la nouvelle *William Wilson* d'Edgar Poe ou le poème *La Nuit de décembre* d'Alfred de Musset.

❖ Étude des images

Savoir analyser

1. Les deux visages de Janus représentés sur le document 4 sont-ils parfaitement symétriques ? Quelles différences relevez-vous ?

2. Combien de fois le visage de Laia apparaît-il dans la miniature (document 5) ? Que représente chacun de ces visages ?

3. Dans l'affiche du film (document 6), à quels détails voit-on que les deux personnages représentés sont des sosies ? À quels éléments reconnaît-on Adolf Hitler ?

Savoir faire

4. Faites une recherche sur le dieu Janus. Pourquoi le mois de janvier tire-t-il son nom de ce dieu ?

5. Comment est formé le nom « autoportrait » ? Recherchez les références d'autoportraits célèbres.

6. Après avoir vu *Le Dictateur* ou lu son scénario, analysez dans quel but ce film utilise le thème du sosie.

Pour approfondir

❖ La mythologie revisitée

La mythologie gréco-latine fournit un réservoir de thèmes et d'histoires dans lequel nous ne cessons de puiser : écrivains, peintres ou dessinateurs y trouvent matière à un dépaysement humoristique ou fantastique, mais souvent aussi à des allusions contemporaines.

Documents :

❶ Extrait de la fable de La Fontaine *Le Bûcheron et Mercure*. *Fables*, V, 1 (1668).

❷ Extrait d'*Amphitryon 38*, de Jean Giraudoux, acte III, scène 1 (1929).

❸ Extrait d'*Antigone*, de Jean Anouilh (1944).

❹ Tableau de Charles Poerson, *Louis XIV en Jupiter vainqueur de la Fronde*, 1654.

❺ Affiche de Jules Cheret pour l'opérette *Orphée aux Enfers* de Jacques Offenbach, 1874

❻ Valérie Mangin et Thierry Démarez, *Chroniques de l'Antiquité galactique* ; couverture de l'album *Le Dernier Troyen*, tome 1, *Le cheval de Troie*, 2004

Pour approfondir

❶ Le Bûcheron et Mercure

Un Bûcheron perdit son gagne-pain,
C'est sa cognée ; et la cherchant en vain,
Ce fut pitié là-dessus de l'entendre.
Il n'avait pas des outils à revendre.
Sur celui-ci roulait tout son avoir.
Ne sachant donc où mettre son espoir,
Sa face était de pleurs toute baignée :
« Ô ma cognée ! ô ma pauvre cognée !
S'écriait-il, Jupiter, rends-la-moi ;
Je tiendrai l'être encore un coup de toi. »

Textes et images

Sa plainte fut de l'Olympe entendue.
Mercure vient. « Elle n'est pas perdue,
Lui dit ce dieu, la connaîtras-tu bien ?
Je crois l'avoir près d'ici rencontrée. »
Lors une d'or à l'homme étant montrée,
Il répondit : « Je n'y demande rien. »
Une d'argent succède à la première,
Il la refuse ; enfin une de bois :
« Voilà, dit-il, la mienne cette fois ;
Je suis content si j'ai cette dernière.
– Tu les auras, dit le dieu, toutes trois :
Ta bonne foi sera récompensée.
– En ce cas-là je les prendrai », dit-il.
L'histoire en est aussitôt dispersée ;
Et boquillons de perdre leur outil,
Et de crier pour se le faire rendre.
Le roi des dieux ne sait auquel entendre.
Son fils Mercure aux criards vient encor ;
À chacun d'eux il en montre une d'or.
Chacun eût cru passer pour une bête
De ne pas dire aussitôt : « La voilà ! »
Mercure, au lieu de donner celle-là,
Leur en décharge un grand coup sur la tête.

2 *Après avoir passé une nuit avec Alcmène, Jupiter tente d'obtenir une seconde nuit avec elle, officiellement cette fois : il fait annoncer publiquement sa venue. Tous se réjouissent de cet honneur, sauf Alcmène.*

Sosie. [...] Il n'est vraiment pas décent pour Thèbes d'offrir aux dieux une maîtresse morose et rechignante. Est-il vrai qu'elle cherche un moyen de détourner Jupiter de son projet ?

Éclissé. J'en ai peur.

Sosie. Elle ne réfléchit pas que si elle le trouve, c'est Thèbes perdue, la peste et la révolte dans nos murs, Amphitryon lapidé par la foule ;

les femmes fidèles sont toutes les mêmes, elles ne pensent qu'à leur fidélité et jamais à leurs maris.

LE TROMPETTE. Rassurez-vous, Sosie, le moyen, elle ne le trouvera pas, Jupiter ne se laissera pas détourner de son projet, car le propre de la divinité, c'est l'entêtement. Si l'homme savait pousser l'obstination à son point extrême, lui aussi serait déjà dieu. Voyez les savants, et les secrets divins qu'ils arrachent de l'air ou du métal, simplement parce qu'ils se butent. Jupiter est buté. Il saura le secret d'Alcmène. D'ailleurs tout est prêt pour sa venue. Elle est fixée comme une éclipse. Tous les petits Thébains se brûlent les doigts à noircir des éclats de verre pour suivre sans ophtalmie le bolide du dieu.

3 *Antigone vient d'être surprise en train d'ensevelir le corps de son frère. Le roi Créon ne comprend pas pourquoi elle a fait cela, alors qu'elle connaissait son ordre interdisant cet acte sous peine de mort : a-t-elle cru qu'étant la fille d'Œdipe, elle était au-dessus des lois ?*

ANTIGONE. Si j'avais été une servante en train de faire sa vaisselle, quand j'ai entendu lire l'édit, j'aurais essuyé l'eau grasse de mes bras et je serais sortie avec mon tablier pour aller enterrer mon frère.

CRÉON. Ce n'est pas vrai. Si tu avais été une servante, tu n'aurais pas douté que tu allais mourir et tu serais restée à pleurer ton frère chez toi. Seulement tu as pensé que tu étais de race royale, ma nièce et la fiancée de mon fils, et que, quoi qu'il arrive, je n'oserais pas te faire mourir.

ANTIGONE. Vous vous trompez. J'étais certaine que vous me feriez mourir au contraire.

CRÉON, *la regarde et murmure soudain.* L'orgueil d'Œdipe. Tu es l'orgueil d'Œdipe. Oui, maintenant que je l'ai retrouvé au fond de tes yeux, je te crois. Tu as dû penser que je te ferais mourir. Et cela te paraissait un dénouement tout naturel pour toi, orgueilleuse ! Pour ton père non plus – je ne dis pas le bonheur, il n'en était pas question – le malheur humain, c'était trop peu. L'humain vous gêne aux entournures dans la famille. Il vous faut un tête-à-tête avec le destin et la mort.

4

5

173

6

Pour approfondir

✤ Étude des textes

Savoir lire

1. Quels sont les dieux ou personnages mythologiques évoqués dans chaque texte ?

2. Quel est le rôle de Mercure dans le texte 1 ? Comparez ce rôle avec celui qu'il joue dans l'histoire d'Amphitryon.

3. D'après l'extrait 2, quels éléments nouveaux Giraudoux introduit-il par rapport à Molière ? Cherchez qui sont les deux personnages d'Eclissé et du Trompette.

Savoir faire

4. Faites une recherche sur l'histoire d'Œdipe et celle d'Antigone.

5. Choisissez l'une des tragédies de Racine inspirées de la mythologie gréco-latine (par exemple *Andromaque*, *Iphigénie* ou *Phèdre*) et résumez la légende qu'elle évoque.

6. Racontez l'arrivée « éblouissante » de Jupiter et la réaction des différents personnages présents dans le texte 2, ainsi que celle des « petits Thébains » et d'Alcmène.

✤ Étude des images

Savoir analyser

1. Dans le document 4, quels éléments sont empruntés à l'Antiquité ? Quels éléments permettent d'identifier Jupiter ?

2. En observant le nombre et l'attitude des personnages représentés sur l'affiche d'*Orphée aux Enfers* (document 5), vous direz quelle impression générale se dégage de cette image et quel genre de spectacle elle annonce.

3. Dans le document 6, quels éléments sont issus du monde antique ? Lesquels sont modernes ou futuristes ?

Savoir faire

4. Faites une recherche sur les représentations de l'Antiquité dans les statues, tableaux ou tapisseries de l'époque de Louis XIV.

5. À quelle légende antique correspond le titre *Orphée aux Enfers* ? Comparez cette légende à l'histoire racontée par l'opérette d'Offenbach.

6. Rédigez, au choix, l'histoire du cheval de Troie, ou celle d'Énée : pourquoi celui-ci est-il appelé « le dernier Troyen » ?

7. Recherchez et présentez une bande dessinée ou un jeu vidéo dont l'action se situe dans l'Antiquité.

Pour approfondir

Vers le brevet

Questions

I - Le genre théâtral

1. Sur quoi portent les indications données en italiques ? Comment s'appellent ces indications ?

2. Quels renseignements cet extrait nous donne-t-il sur le décor de la scène et sur les accessoires des personnages ?

3. Pourquoi Sosie prononce-t-il certaines phrases à part ? De qui est-il alors entendu ? Comment appelle-t-on ce procédé ?

4. Que tentent de faire les interlocuteurs dans les deux répliques les plus longues ? Comment appelle-t-on de telles répliques ?

5. Quels types de vers sont utilisés dans les vers 424 à 449 ? Comment les rimes sont-elles disposées ?

II - Un valet de comédie

6. Relevez les expressions indiquant que Sosie est un valet chargé d'une mission. En quoi celle-ci consiste-t-elle ?

7. Quel est le sens du terme « poltron » au vers 403 ? Quel mot de la même famille est utilisé plus loin ? Quelle est la nature de ces deux mots ?

8. Quels mots ou expressions évoquent les coups ? Parmi ces expressions, lesquelles sont des périphrases ?

9. À quels termes renvoient les mots « injures » (vers 418) et « blessures » (vers 420) ?

10. En vous aidant des réponses aux questions précédentes, vous direz quelles sont les principales différences entre le caractère de Mercure et celui de Sosie.

III - Un vol d'identité

11. Dans la réplique des vers 400 à 404, par quel nom
    Mercure est-il désigné ? De quoi est-il accusé ? Par quelle
    expression Sosie reprend-il plus loin la même accusation ?

12. Relevez les termes appartenant au champ lexical de la raison :
    à quels termes s'opposent-ils ?

13. Dans la proposition « quand tu serais démon », à quel temps est
    le verbe ? Quelle est la relation logique exprimée ? Remplacez
    la conjonction « quand » par « même si » : à quel temps doit être
    le verbe ?

14. Quelle est la fonction des mots « moi » et « Sosie », au vers 415 ?

15. Quelle est le sens de l'expression « m'anéantir », au vers 424 ?
    Comment ce verbe est-il formé ? Trouvez, dans le texte, deux
    expressions ayant le même sens.

16. Quelles réponses Sosie attend-il aux questions qu'il pose,
    vers 432 à 445 ?

17. Par quelle tournure Mercure met-il en valeur son identité dans
    les vers 454 à 460 ?

18. À quelle personne sont les verbes « ai reçu » et « fus marqué »,
    vers 464 et 466 ? Quel est le sujet de ces verbes ?

19. Quels éléments, dans les paroles de Mercure, entraînent
    le doute final de Sosie ? En quoi ce doute est-il comique ?

Réécriture

Réécrire les vers 432 à 445, en remplaçant les phrases inter-
rogatives négatives par des phrases déclaratives affirmatives,
et en remplaçant « je » par « nous ». Vous effectuerez toutes les transformations nécessaires.

Rédaction

Imaginez la suite du dialogue : sur les différents points évoqués par Mercure aux vers 454 à 467, Sosie demande des précisions par lesquelles il espère piéger son interlocuteur ; mais comme Mercure est un dieu, il sait répondre à toutes les questions et Sosie est finalement convaincu.

Votre texte aura la forme d'un dialogue de théâtre en prose.

Petite méthode pour la rédaction

Pensez à utiliser le texte initial surtout lorsque, comme ici, on demande de rédiger une suite.

Respectez la forme d'un **dialogue** de théâtre, en indiquant le nom du personnage qui parle ; il serait bon d'imaginer aussi quelques **didascalies**.

Comme le fait Molière dans cet extrait, variez la **longueur** de vos répliques : certaines seront plus longues (plusieurs lignes), d'autres très courtes (un ou deux mots).

Pour le contenu, les vers donnés en référence vous indiqueront les thèmes sur lesquels peuvent porter les questions : la victoire d'Amphitryon et la vie privée de Sosie.

Sujet 2 : texte 3 p. 163-164, Maupassant, *Lui ?*

Questions

I - Un narrateur lucide

1. Relevez trois pronoms personnels et trois déterminants possessifs différents qui renvoient au narrateur.

2. Par quels synonymes pourriez-vous remplacer les termes
« fort las » (ligne 2) ? Quelle relation logique relie ces termes
aux précédents ? Quel connecteur logique indique
cette relation ? Que pouvez-vous en déduire sur l'état d'esprit
du narrateur au début de l'épisode ?

3. Quelle est la valeur des présents (lignes 3 et 6) ? Relevez deux
adverbes qui confirment votre réponse.

4. Quels sont les deux faits étranges constatés par le narrateur dans
les deux premiers paragraphes ? Quelle explication leur donne-
t-il avant de rentrer chez lui ? Quelle autre explication trouve-t-il,
une fois dans son appartement ?

5. Quels verbes introduisent les explications du narrateur dans
les deux premiers paragraphes ? Quelle explication est formulée
au style direct ? Quelles différences notez-vous avec l'explication
formulée au style indirect ?

6. Dans le quatrième paragraphe, quel nom est repris par le pronom
« celle » ? Quel est le sens et la formation de l'adjectif
« vraisemblable » ? À quel sentiment les explications rationnelles
du narrateur s'opposent-elles ? Relevez les verbes au plus-que-
parfait : à quel moment de l'histoire renvoient-ils ? Pour quel
verbe ce même temps a-t-il été utilisé auparavant ?

II - L'autre et l'irruption du fantastique

7. À quelle heure se passe l'épisode raconté ici ?

8. Comment la pièce où se trouve le narrateur est-elle éclairée ?

9. Par quels noms ou pronoms est désigné « l'autre » au cours
du récit ?

10. Quelle description le narrateur fait-il de l'homme qu'il aperçoit ?
À quel temps sont les verbes de la description ? Pourquoi
cette description est-elle partielle ?

11. Quel signe de ponctuation montre la surprise du narrateur,
à partir de la ligne 24 ?

12. Quel type de mouvements suggère la répétition
de la conjonction « puis », à la ligne 30 ?

13. Quel est le sens de l'adjectif « impérieux » ? Trouvez plusieurs mots de la même famille.

14. Quels adjectifs qualifient l'état d'esprit du narrateur dans la dernière phrase ? Comment l'auteur met-il en valeur ces adjectifs ?

15. Quels indices permettent de penser que cet inconnu est un double du narrateur ? Vous vous appuierez sur le texte, sur le titre et sur le résumé d'introduction pour répondre.

Réécriture

 Réécrire les deux premiers paragraphes en remplaçant « je » par « nous », et en faisant les modifications nécessaires.

Rédaction

Vous avez été confronté à l'irruption d'un fait inhabituel ou d'une vision étrange dans votre quotidien. Votre texte, une narration, fera une place à la description de ce phénomène étrange. Comme Maupassant, vous proposerez différentes explications à ce fait inhabituel.

Petite méthode pour la rédaction

Soulignez bien les termes essentiels du sujet, à la fois pour le fond (**inhabituel** et **quotidien**) et pour la forme (**narration, description, explications**).

Pour la partie descriptive, les temps dominants seront l'imparfait ou le présent d'habitude. La description du phénomène observé doit faire comprendre en quoi il est étrange, rappelez donc la situation quotidienne avec laquelle il contraste.

Pour les explications, distinguez celles qui sont simples et rationnelles de celles qui sont plutôt du domaine du fantastique, voire de la science-fiction.

✤ Autres sujets d'entraînement

Sujet 1 : texte 1 p. 169, *Le Bûcheron et Mercure*, La Fontaine

1. Délimitez les deux histoires qui composent la fable : quel vers sert de transition entre les deux ? En quoi la fin de l'histoire peut-elle être appelée une chute ?

2. Relevez trois dispositions différentes des rimes.

3. En vous aidant du contexte, pouvez-vous dire ce qu'est une « cognée » ? Par quel autre terme ce nom est-il repris par la suite ? Par quels pronoms est-il repris dans les vers 12 à 19 ?

4. Expliquez la formation et le sens des mots « gagne-pain » (vers 1) et « criards » (vers 28).

5. Qui est désigné par l'expression *le roi des dieux* ? Comment s'appelle cette figure de style ?

6. Relevez dans la fable deux verbes illustrant deux valeurs différentes du présent.

7. Expliquez le sens de la tournure « de perdre... et de crier » (vers 25-26).

8. Expliquez l'accord des participes « entendue » (vers 11) et « rencontrée » (vers 14).

9. Quels passages correspondent à des paroles rapportées au style direct ? Précisez qui en est le locuteur. Quels vers rapportent au style indirect libre les plaintes du bûcheron ?

10. Quel lien logique est exprimé dans les vers 32-33 ?

Réécriture

Réécrivez les vers 8 à 14, en remplaçant « ma cognée » par « mes cognées ».

Vers le brevet

1. Relevez dans le texte les termes appartenant au champ lexical de la famille. D'après ces termes, pouvez-vous dire qui est Antigone ?

2. Quels termes caractérisent l'univers de la servante dans la réplique d'Antigone, lignes 1 à 3 ?

3. Dans les lignes 1 à 7, relevez les verbes appartenant au système conditionnel, et précisez leur temps.

4. Quelles sont les deux interprétations différentes par lesquelles Créon explique le geste d'Antigone ? À quel moment change-t-il de point de vue ?

5. Quel trait de caractère est commun à Œdipe et à Antigone, selon Créon ?

6. À quel registre de langue appartient l'expression « vous gêne aux entournures » ?

7. Quelle figure de style est utilisée dans la dernière phrase ? À quel genre théâtral renvoient les mots « destin » et « mort » ?

Réécriture

Dans les lignes 6 à 8, transposez au style direct les pensées attribuées à Antigone par Créon. Vous commencerez votre phrase par « Seulement tu as pensé : ... »

Outils de lecture

Antithèse : rapprochement de deux mots ou expressions de sens contraire.

Aparté : paroles qu'un personnage prononce « à part », sans être entendu des autres personnages.

Champ lexical : ensemble des mots se rapportant à un même thème, à une même notion.

Comédie : genre théâtral qui montre des personnages ordinaires et qui est destiné à faire rire.

Comique : qui fait rire. Le comique peut naître des gestes, des situations, du langage, des caractères, de la répétition.

Dénouement : la fin d'une pièce de théâtre, ce qui termine l'action, « dénoue » l'intrigue. Le dénouement d'une comédie est généralement heureux, celui d'une tragédie, malheureux.

Deus ex machina : expression latine signifiant « dieu sorti d'une machine ». Au théâtre, désigne un dieu ou, plus généralement, un personnage ou un événement apportant à une situation très embrouillée un dénouement inespéré et peu réaliste.

Didascalie : indication donnée au lecteur ou au metteur en scène sur les gestes des acteurs ou les éléments du décor.

Exposition : début d'une pièce de théâtre, généralement la première scène. L'exposition présente l'action et les personnages.

Farce : courte pièce populaire comique. La farce fait appel à un comique simple, fondé sur les gestes (coups de bâton) et sur des situations attendues (le mari cocu).

Figure de style : forme particulière donnée au langage et visant à produire un certain effet. L'**antithèse**, la **métaphore**, la **périphrase** sont des figures de style.

Galanterie : distinction des manières et des idées, surtout dans la séduction amoureuse. Un « galant » désigne un séducteur.

Hyperbole : figure de style qui consiste à exagérer une expression.

Imbroglio : situation confuse, compliquée.

Intrigue : ensemble des événements dans une pièce

Outils de lecture

de théâtre, un roman ou un film. Au théâtre, l'intrigue est développée entre l'exposition et le dénouement.

Malentendu : le fait de comprendre une même chose de deux façons différentes. Méprise.

Métaphore : comparaison de deux éléments par rapprochement direct, sans un outil de comparaison tel que « comme », « ressembler à »...

Niveau de langue : façon dont on parle, en fonction de son niveau social ou culturel. On distingue le niveau soutenu, courant et familier.

Monologue : paroles prononcées par un personnage seul sur la scène.

Parodie : imitation exagérée ou déformée d'un style ou d'un genre.

Périphrase : figure de style consistant à utiliser un groupe de mots au lieu d'un seul mot pour désigner une personne ou une réalité.

Personnification : figure de style consistant à attribuer à une notion abstraite, à une chose ou à un animal des caractéristiques humaines.

Préciosité : état d'esprit en vogue au XVIIe siècle. Se caractérise par le raffinement dans les sentiments et dans le langage qui les exprime. Le style précieux a recours à de nombreuses figures de style.

Prologue : dans l'Antiquité, partie qui ouvre une pièce de théâtre et qui expose le sujet. Le prologue est repris en imitation du théâtre antique par Molière (*Amphitryon*) ou Jean Anouilh (*Antigone*).

Quiproquo : erreur qui fait prendre une personne ou une chose pour une autre.

Réplique : brève prise de parole d'un personnage (par opposition à « tirade »).

Tirade : discours assez long prononcé par un personnage. Une tirade vient souvent couper une suite de répliques.

Tragédie : genre théâtral représentant les malheurs de personnages nobles (rois, reines) ou de héros mythologiques ou bibliques.

Tragi-comédie : pièce de théâtre mêlant des éléments propres à la tragédie (des personnages élevés) et à la comédie (un dénouement heureux). Exemple : *Le Cid* de Corneille.

Bibliographie et filmographie

Pièces de Molière

L'École des femmes, 1662.
> ▶ Arnolphe redoute plus que tout d'être cocu, aussi a-t-il recueilli une orpheline, Agnès, qu'il élève en la tenant enfermée : jamais une jeune fille innocente et ignorante ne pourra le tromper...

Le Tartuffe, 1664.
> ▶ Tartuffe est un faux dévot, un imposteur qui s'introduit chez Orgon et y vit en parasite.

George Dandin, 1668.
> ▶ George Dandin, paysan enrichi, a épousé Angélique, jeune fille d'une famille noble mais ruinée : un beau mariage... ? Plutôt la source de bien des ennuis !

L'Avare, 1668.
> ▶ Harpagon ne vit que pour son argent : au moment de marier ses enfants, c'est tout naturellement l'argent qui va dicter son choix...

Le Bourgeois gentilhomme, 1670.
> ▶ Monsieur Jourdain veut s'élever dans la société : ce bourgeois veut devenir noble, « gentilhomme ».

Le Malade imaginaire, 1673.
> ▶ Obsédé par la maladie, Argan veut que sa fille épouse un médecin.

Sur Molière

Molière et ses personnages, de Thierry Colignon et Christine Monnet, Mango Document, 1999.
> ▶ Des textes et des images éclairent plusieurs questions sur l'époque de Molière et sur ses personnages.

La Jeunesse de Molière, de Pierre Lepère, Gallimard, collection « Folio Junior », 2003.
> ▶ D'une lecture facile, un portrait de la jeunesse de Molière et un tableau de la France au XVIIe siècle.

Molière, de Sylvie Dodeller, École des loisirs, collection « Belles Vies », 2005.
> ▶ L'ensemble de la vie de Molière dans une biographie romancée, avec quelques illustrations de l'époque.

Molière gentilhomme imaginaire, de Michel Laporte, Hachette
Jeunesse, 2007.
> ❯ La vie de Molière à travers des témoignages imaginaires, ponctués de
> citations de ses œuvres.

Filmographie

Molière, film d'Ariane Mnouchkine avec Philippe Caubère, 1978.
DVD SCEREN-CNDP, Bel Air Classiques, le Théâtre du Soleil, 2004.
> ❯ Un film de référence, sur l'ensemble de la vie de Molière.

Molière, film de Laurent Tirard avec Romain Duris, 2007.
DVD Wild Side Vidéo, 2007.
> ❯ Moins biographique que le précédent, ce film imagine ce qu'ont pu être
> les années de jeunesse de Molière et ce qui a pu inspirer ses œuvres.

Mises en scène d'*Amphitryon*

Amphitryon, édition Comédie-Française, 2002, VHS.
> ❯ La représentation de la pièce dans la mise en scène d'Anatoli Vassiliev,
> avec Thierry Hancisse dans le rôle de Sosie.

L'Avant-Scène théâtre, n° 1106, février 2002.
> ❯ Un numéro consacré à *Amphitryon*, dans la mise en scène d'Anatoli
> Vassiliev à la Comédie-Française.

L'École des lettres, n° 13, numéro spécial « Molière mis en scène », mai
2002.
> ❯ L'étude de plusieurs mises en scène des pièces de Molière, dont celle
> d'*Amphitryon* par Anatoli Vassiliev évoquée ci-dessus.

D'autres versions d'Amphitryon

Plaute, ***Amphitryon,*** GF, Flammarion, 1999.
> ❯ Cette édition regroupe deux pièces reprises par Molière, *Amphitryon*
> et *L'Aululaire* (« La Marmite ») qui a servi de modèle pour *L'Avare*.

Jean Giraudoux, ***Amphitryon 38,*** Le Livre de Poche, Grasset, 1983.
> ❯ Représentée en 1929, avec Louis Jouvet dans le rôle de Mercure.
> Selon Giraudoux, ce serait la trente-huitième version de l'histoire
> d'Amphitryon.

Crédits photographiques

Direction de la collection : Carine Girac - MARINIER

Direction éditoriale : Claude NIMMO

Édition : Marie-Hélène CHRISTENSEN

Lecture-correction : service lecture-correction LAROUSSE

Recherche iconographique : Valérie PERRIN, Agnès CALVO

Direction artistique : Uli MEINDL

Couverture et maquette intérieure : Serge CORTESI, Sophie RIVOIRE,
Uli MEINDL

Responsable de fabrication : Marlène DELBEKEN

Photocomposition : CGI
Impression : La Tipografica Varese Srl (Italie)
Dépôt légal : Janvier 2009 – 302297/05
N° Projet : 11033547 – Avril 2016